PFARR PLATZ WIRT WEIN

PFARR PLATZ WIRT WEIN

DIE GESCHICHTE EINES
DER SCHÖNSTEN UND PROMINENTESTEN
PLÄTZE WIENS

EDITION A LA CARTE

INHALT

AM BESTEN PLATZ VON WIEN

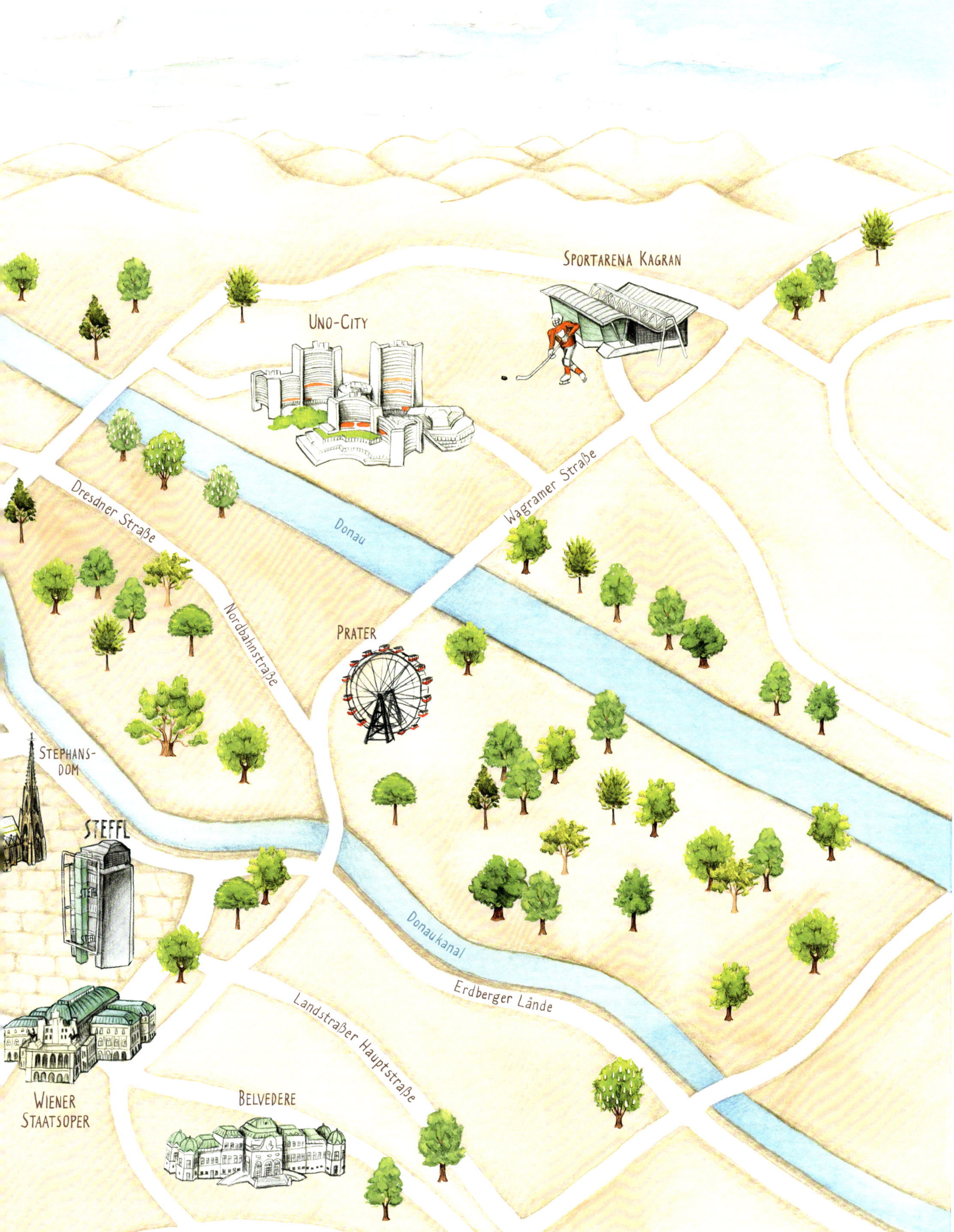

Alle Wege führen zum Pfarrplatz.

EIN MAGISCHER ORT

Der Pfarrplatz: eine Kirche, ein Wirtshaus, ein Heuriger –
über Liebe auf den ersten Blick und die Sehnsucht, selbst Wein zu machen.

Jeder Mensch erfährt in seinem Leben die Besonderheit so genannter magischer Orte. Ich habe dieses Gefühl verspürt, als ich das erste Mal am Pfarrplatz stand und die seit Jahrhunderten unverändert bestehenden Häuser sah. Mit ein wenig Phantasie kann man erahnen, wie einst Ludwig van Beethoven die Nestelbachgasse zum Pfarrplatz hinaufspazierte und sich dann in seine Wohnung im ersten Stock jenes Hauses zum Komponieren zurückzog, in dem heute der Heurige Mayer am Pfarrplatz ist. Mit noch mehr Phantasie kann man sich auch vorstellen, wie vor fast 2.000 Jahren die Römer hier am Platz siedelten und von ihrem Wachturm bis Schwechat und Korneuburg sehen konnten. Im Blick die damals noch recht nah und ungebändigt vorbeifließende Donau.

Ein Ort mit viel Geschichte, der zugleich auf Anhieb viel Wohlgefühl ausstrahlt. Eine Kirche, ein Wirtshaus, ein Heuriger. Man geht sonntags in die Messe, der eine oder andere vielleicht auch direkt an die Schank. Eine intakte Dorfgemeinschaft mit einer Atmosphäre, wie ich sie aus meiner Kindheit daheim in Villach kenne. Und doch ist man in Wien.

Um die Besonderheit dieses Orts zu bewahren, haben wir bei der Restaurierung des Pfarrwirts weniger auf den gesetzten Budgetrahmen, sondern mehr auf unsere Emotionen geachtet. So wurde jedes Fenster, jeder Mauervorsprung, jedes alte Bodenbrett mit besonderer Detailliebe behandelt. Darum hat der Pfarrwirt eine alte, einladende Schank, die ein ganz spezielles Behagen verbreitet. Darum ist das Haus auch voll mit Kunst, die mir persönlich viel bedeutet und die ich mit meinen Gästen teilen möchte.

Wenn man wie ich im 19. Bezirk wohnt, dann wandert man gerne durch die Weingärten, und so entsteht das Interesse am Wein und eventuell auch die Sehnsucht, selbst Wein zu machen. Der erste Schritt dazu war der Kauf des Roten Hauses mit einem Weingarten. Bis heute ist es ein Privileg, in dieser besonderen Lage am Nussberg nicht nur den perfekten Blick auf Wien, sondern auch mit Freunden den eigenen Wein zu genießen.

Um die Jahrtausendwende stand die Entwicklung des Wiener Weins im Vergleich zu seinem heutigen anerkannten Niveau noch in einer zarten ersten Blüte. Als Franz Mayer, der Doyen des Wiener Weins und Eigentümer des Weinguts Mayer am Pfarrplatz, mich nach vielen Gesprächen fragte, ob ich nicht seinen Betrieb übernehmen möchte, zögerte ich zuerst, erkannte dann aber, dass ich damit am Beginn eines neuen, anderen Lebensabschnitts stand. Was mit dreieinhalb Hektar Weingarten begann, umfasst heute eine Rebfläche von 74 Hektar.

Wie bei anderen Unternehmungen in meinem Leben zählen die beiden Weingüter Rotes Haus und Mayer am Pfarrplatz sowie der Pfarrwirt zu jenen Projekten, die ich auch für mich selbst gemacht habe. Umso mehr freut es mich, dass wir damit auch den Geschmack vieler unserer Gäste getroffen haben. Kein Weinjahrgang, der nicht bald ausgetrunken ist und daher standhaft in Archivflaschen bewahrt werden muss. Und beim Pfarrwirt, der in seiner Anfangszeit nicht ganz so gut lief, ist es heute selbst für mich zu den Spitzenzeiten manchmal schwer, einen Platz zu bekommen.

Ich würde mich freuen, wenn Sie sich beim Lesen in diesem Buch so wohlfühlen wie am Pfarrplatz selbst. Genießen Sie mit mir, meiner Familie, meinen Freunden und unseren vielen Stammgästen die Aura und die Geschichte dieses einmaligen Orts.

Ihr Hans Schmid

WIEN UND DER WEIN

AM NUSSBERG

Eine ganz besondere Lage – Sandstein, Mergel, Ton und Muschelkalk bilden den perfekten Nährboden für Nüsse und große Weine, man spürt die Stadt ebenso wie die Ostalpen, deren Ausläufer sich hier finden.

OPEN-AIR-IDYLLE

Herz, was willst du mehr? Bei optimalem Wetter schmeckt der Wein, direkt in den Weingärten genossen, gleich noch einmal so gut. Die Buschenschank Mayer am Nussberg ist an Schönwetter-Wochenenden von Freitag bis Sonntag geöffnet und gut über die Kahlenberger Straße erreichbar.

AM NUSSBERG

Rund um die Erntezeit im Herbst präsentieren sich die Weingärten am Nussberg in wunderbarer rötlich-brauner Farbenpracht.

AM NUSSBERG

Bei Schnee zeichnen die im Winterschlaf befindlichen Rebzeilen ein graphisches Muster in die Landschaft.

KLEINE STADT, GROSSER WEIN

Betrachtung Wiens vom Nussberg aus. Unter besonderer Berücksichtigung des „Herrn Ingenieurs“ und des Weins.

Christian Seiler

Manchmal ist Wien sehr klein, zum Beispiel, wenn man die Stadt vom Nussberg aus betrachtet. Der Nussberg mit 332 Metern Seehöhe ist dem Abhang des Leopoldsberges zum Waldbachtal vorgelagert und weiß hinter sich den Kahlenberg zur Eisernen Hand. Im Westen und Süden grenzt ihn der Schreiberbach ab, und man kann, wenn man dem eigenen Wissen aus dem Geographieunterricht vertraut, spüren, dass es von hier eine direkte Verbindung in die alpine Bergwelt gibt, oder umgekehrt: dass hier, oberhalb der kleinen Stadt Wien, der vorletzte Ausläufer der Ostalpen endet.

Wien ist klein, weil sich im Vordergrund ein paar Zeilen mit Weinstöcken groß machen. Liegen wir zum Beispiel im Gras, Blickrichtung Donauschräge (mit Donauschräge ist das subjektive Bild der Stadt gemeint, das die Donau von links unten nach rechts oben durchquert), dann hat der Stock, von dem sich eine Rebe Riesling hochrankt, ungefähr die doppelte Höhe des DC-Towers, der da unten schwarz und tanzend auf sich aufmerksam macht. Man kann überhaupt, wenn man sich nur ein bisschen Zeit lässt, dabei zuschauen, wie die kleine Stadt da unten größer wird und sich sichtbare Extravaganzen leistet. Die vielen Hochhäuser waren zum Beispiel noch nicht da, als der Nussberg im Jahr 1226 zum ersten Mal kartographiert und in einer Urkunde erwähnt wurde, damals als „Nuzperc“, und auch als er im Mittelalter den schönen lateinischen Namen „monte nucum“ trug, war von der Stadt Wien nicht viel mehr zu sehen als ein paar Mauern mit dem Stephansdom in der Mitte.

Geologisch gehört der Nussberg zur Flyschzone, die sich aus Sandstein, Mergel, Muschelkalk und Ton zusammensetzt, was einerseits ein guter Nährboden für Nüsse ist, allerdings auch den Weinreben gut gefällt, die hier nach der Rodung unzähliger Haselnussstauden und Nussbäume angebaut wurden. Als wir vom Nussberg aus bereits beobachtet hatten, wie die Donau reguliert und um den Donaukanal ergänzt wurde, aber noch bevor die Stadtväter eine Insel in die Donau schütteten, trat Franz Mayer auf die Flur, geboren 1928 in Heiligenstadt und zum zertifizierten Weinbaufachmann ausgebildet, was seine liebevolle Ansprache als „Herr Ingenieur“ erklärt, auf die er Zeit seines Lebens Wert legte.

Mayers Familie betrieb seit dem Jahr 1683 auf dem Nussberg Weinbau, und dass ausgerechnet das Stichjahr 1683 als verbrieft gilt, hat damit zu tun, dass dieses Jahr für die Stadt Wien und die sie umgebenden Hügel von einer gewissen Bedeutung war – wer jetzt nicht sofort die richtige Assoziation hat, muss zur Strafe zu Fuß auf den Kahlenberg steigen und dort die an der Fassade der polnischen Kirche befestigte Gedenktafel lesen, auf welcher der Verdienste von Jan III. Sobieski, König von Polen, um die Freiheit der Stadt Wien gedacht wird. Das Jahr der königlichen Verdienste gilt landläufig als das Jahr, in dem die Familie Mayer mit dem Weinbau auf dem Nussberg begann (und wenn die sagenhafte Koinzidenz auch nicht historisch fehlerfrei sein mag, so hat sie doch den Vorteil, dass man sich nicht zwei Jahreszahlen merken muss).

Der Herr Ingenieur gab dem modernen Weinbau auf dem Nussberg ein Gesicht: seines. Er machte darauf aufmerksam, dass auf dem Boden der Stadt Wien nicht nur zur

Dekoration Weinstöcke stehen, sondern dass deren Ertrag auch zu Weinen von Rang gekeltert werden kann. Mayer nahm die Herausforderung an, so ernsthaft an seinen Weinen vom Nussberg zu arbeiten, dass er sich nicht hinter den Kollegen aus der Wachau verstecken musste. Sein erster Jahrgang war der des Jahres 1945. Mayer experimentierte, als das noch alles andere als Usus war, in seinem Keller mit gekühlter Gärung, indem er einen alten Kühlschrank zum Herz seiner Kellertechnik umbaute, und arbeitete mit Zentrifugen, bevor das allgemeiner Standard (und dann auch wieder verworfen) wurde. Er übernahm zusätzlich zu seinem Aufstieg zur bestimmenden Winzerpersönlichkeit der Stadt Wien alle möglichen Aufgaben in der bäuerlichen Interessenvertretung – der bäuerlichen Interessenvertretung auf dem Boden der Stadt Wien wohlgemerkt; was würde ein Mann in Paris oder London zu solchen Partikularproblemen sagen?

Von den 60er- bis zu den 80er-Jahren strahlte Mayers Stern am hellsten. Sein Wein war begehrt, sein Heuriger, der „Mayer am Pfarrplatz", galt als bevorzugte Adresse der Wiener Gemütlichkeit. Als in den Achtzigern, als paradoxe Folge des Weinskandals, eine neue Form des Weinmachens aufkam und neue, moderne und technisch zeitgemäß ausgebildete Generationen von Winzern die elterlichen Weingüter übernahmen, verharrte Mayer in einem niveauvollen, aber nicht mehr experimentierfreudigen Konservatismus. Er übernahm stattdessen das Amt des Präsidenten der Wiener Bauern in der Kammer und kümmerte sich um die Vermarktung des Wiener Weins, während seine Kunden ihr Wissen auffrischten und ihren Geschmack schärften. Die späten Jahrgänge des Mayer-Weins erregten zu diesem Zeitpunkt weniger Aufsehen als die aus den 60er- und 70er-Jahren. Dies änderte sich, als nach dem Verkauf eine neue, jüngere, wieder experimentierfreudigere Generation die Weine neu konzipierte und so zu alter und neuer Stärke zurückfand.

Irgendjemand muss es mit den Weinarbeitern auf dem Nussberg gut gemeint haben, als er den Unterstand, wo sie ihre Werkzeuge deponieren und zu Mittag eine kleine Jause

Was für eine Adresse: Das Rote Haus am Nussberg ist Synonym für ausgezeichnete Weine.

einnehmen konnten, an eine so brillante Stelle setzte, wie es sonst nur die katholische Kirche vermag. Die Wände des Unterstands wurden in einer auffälligen Farbe getüncht, und der Ort bekam den einfachen, aber bezeichnenden Namen „Rotes Haus am Weingebirg“. Die Winzerfamilie, der das Rote Haus gehörte, führte dort Weinverkostungen durch und bewirtete spezielle Gäste im privaten Rahmen. Die Kapellenlage, der fast feierlich schöne Blick über Wien und die spürbare Distanz zur Stadt bei ihrer gleichzeitig totalen Überschaubarkeit machen den außergewöhnlichen Reiz dieses Hauses aus.

2001 erwarb Hans Schmid, ohne jemals in Erwägung zu ziehen, dass das bloß der erste Schritt von einer ganzen Reihe an Akquisitionen sein könnte, das Rote Haus samt einer kleinen Rebfläche von 1,7 Hektar. Sein Freund Rudolf Buchbinder, dem Schmid seinen neuen Lieblingsort zeigte und ein paar Weine aus dem übernommenen Lager einschenkte, ließ dann beiläufig die Bemerkung fallen, das nächste Mal könnte man allerdings auch einen gescheiten Wein trinken. Die Rebflächen befanden sich wie das Rote Haus selbst in der besten Lage des Nussbergs. Also stand Schmid von heute auf morgen vor der Frage, wie seine Trauben zu einem gescheiten Wein werden könnten.

Waren die ersten Jahrgänge des Weinguts, dem Schmid den Namen „Rotes Haus“ gab, noch Versuche, bekam der Weinbau auf dem Nussberg spätestens dann einen neuen Impuls, als Schmid auch den Mayer am Pfarrplatz übernahm und damit dessen Rebflächen. Er holte sich Willi Balanjuk als Berater und engagierte den jungen Winzer Gerhard Lobner, die Kellermeisterin Barbara Wimmer und Dragos Pavelescu als Önologen, dazu den Vertriebsleiter Paul Kiefer, die seither die beiden historisch, aber auch stilistisch getrennten Weingüter Rotes Haus und Mayer am Pfarrplatz bespielen.

Das Rote Haus hat sich zu etwas entwickelt, das der Geschäftsführer Gerhard Lobner ein „Boutiqueweingut“ nennt – ein kleines, zu Eleganz und Ausreizung der zur Verfügung stehenden Lagen entschlossenes Unternehmen. Mayer am Pfarrplatz wurde, bis zu seinem Tod 2011 noch unter vitaler Mitwirkung des Herrn Ingenieur Franz Mayer, zum Marktführer des klassischen Wiener Weißweins. Ein besonderer Schwerpunkt liegt auf dem Wiener Gemischten Satz, jenem Charakterwein, der aus allen Sorten, die gemeinsam auf einem Weinberg gedeihen, gekeltert wird. Auf dem Nussberg sind die Geräusche der Stadt nur als ferne Klangwolke zu hören. Die „Donauschräge“ hat ihr eigenes sphärisches Klangbild. Manchmal kommt ein Traktor vorbei, dessen Husten hört man präzise. Noch immer klaffen Lücken in den vom Wein graphisch strukturierten Hängen des Nussbergs, aber es werden weniger. Unbebaute Grundstücke werden bepflanzt, in den Brachen wurden neue Zeilen von Veltliner, Riesling, Traminer, Sauvignon blanc und anderen Sorten ausgesetzt, die ihre Eigenarten gern in den Dienst des Gemischten Satzes stellen – die Versicherung der Wiener Winzer gegen die Launen der Jahreszeiten, die auch Ökologen auf weiterführende, reinsortige Ideen bringt.

Unten: die Donau, das Kahlenbergerdorf, die Kuchelau. Hierher sind die Produktionsstätten der beiden Weingüter gezogen, abgesiedelt vom Pfarrplatz mit seinen engen Gassen, in denen schwere Fahrzeuge schon einmal manövrierunfähig werden konnten, was kleine Einsätze der Feuerwehr samt anspruchsvollen Lotsendiensten zur Folge hatte.

Oben: jeder Hang, jede Exposition mit ihrem eigenen, unverwechselbaren Charakter. Bei jedem Spaziergang verändert sich die Mikrolandschaft unmerklich, so wie unsere Perspektive, aus der wir die Stadt sehen, die kleine Stadt. Und in der Kuchelau wie auch am Pfarrplatz forschen die Fachleute, wie sich die spezielle Neigung jedes Hangs, sein Untergrund und das Verhältnis, in dem sich Kalk, Sandstein, Mergel, Muschelkalk und Ton mischen, in der Aromatik des Weins äußern, der hier wächst – des großen Weins. Du siehst es auf den ersten Blick: jeder Stock doppelt so hoch wie der DC-Tower …

Wegschneiden oder noch dranlassen, mehr Ertrag oder mit etwas Risiko zu besserer Qualität? Die Lesearbeit im Weingarten erfordert viel Erfahrung und genaue vorherige Absprache mit dem Weinmacher.

DER WIENER GEMISCHTE SATZ

Alle für einen, einer für alle.

Florian Holzer

Es gibt Weine, die benötigen weniger Erklärung als der Gemischte Satz. Riesling. Grüner Veltliner. Chardonnay. Pinot noir. Sie kennt man, da weiß man, was man zu erwarten hat. Auf den Gemischten Satz muss man sich einlassen. Da ist nämlich a priori einmal gar nichts fix. Dem muss man sich annähern.

In grauer Vorzeit waren in Mitteleuropa fast alle Weingärten gemischt ausgesetzt, erfährt man dann. Man pflanzte ein paar Stöcke dieser Sorte und ein paar jener Sorte und ein paar einer dritten, vierten und fünften Sorte bunt durcheinander, und zwar nicht aus Jux und Tollerei, sondern aufgrund einer beinharten Risikoabwägung: Die Rebsorten waren bis in die erste Hälfte des 20. Jahrhunderts noch nicht besonders „blütefest", das heißt, ein bisschen Regen oder Kälte während der Blüte im Frühsommer konnte eine ganze Ernte vernichten. Weshalb man eben früher und später blühende Sorten mischte: Das Risiko wurde gestreut, der Ertrag einigermaßen gesichert.

Noch weitere Faktoren kamen dazu, etwa dass sich manche Rebsorten wie der Riesling stärker verranken und daher in windexponierteren Positionen – also ganz oben – gesetzt wurden. Andere Sorten kamen dank ihrer dicken Schalen besser mit Fäulnis zurecht, sie kamen an den unteren Rand des Weingartens, wieder andere galten als wertvoll und sensibel, Traminer zum Beispiel, ihn fand man immer in der geschützten Mitte. Und nicht zuletzt entwickelte sich in jeder Region eine typische Mischung, die den Charakter des jeweils lokalen Weins prägte. Dieses Modell funktionierte über Jahrhunderte in Mittel- und Südeuropa prächtig. Weingärten, die vor dem Krieg ausgepflanzt wurden, waren in den meisten Fällen Gemischte Sätze, mit der Modernisierung des Weinbaus in den 50er-Jahren (Drahtrahmen, „Lenz-Moser-Methode") verschwanden sie aber fast völlig, Reinsortigkeit war nun das Thema.

In Wien überlebte der Gemischte Satz. Warum? Schwer zu sagen – wahrscheinlich weil „Tradition" im Wiener Weinbau immer schon ein Thema war, weil der Heurige der eigentliche Hauptabsatzmarkt war, und man beim Heurigen eben den lokaltypischen Wein trinken wollte, keine Rebsorten.

Die einstige Wertschätzung des Wiener Gemischten Satzes, der damals noch nicht so hieß, sondern je nach Herkunft und Charakter unter „Grinzinger", „Nussberger" oder „Kahlenberger" lief, veränderte sich allerdings dramatisch: Seit dem Mittelalter zählte der Wiener Wein zu den erlesenen Getränken der Weinwelt und wurde in einem Atemzug mit „feinstem Rheinwein und Burgunder" genannt, ab den 50er-Jahren des 20. Jahrhunderts wurde er ein bisschen versteckt, durfte nur mehr als Basis für Spritzer dienen. Der Gemischte Satz war das Schmuddelkind des österreichischen Weinbaugesetzes, als „Gemischten Satz" durfte man mehr oder weniger irgendwas abfüllen, die Bezeichnung war als Hintertüre für minderwertigen Schankwein gedacht. Die EU-Weinbaupolitiker konnten erst recht nichts mit ihm anfangen, die wollten Zahlen, Stockdichte, Hektare, klassifizierte Rebsorten und standardisierte Erträge, Wein nach ISO-Norm. Und wenn der Gemischte Satz vieles ist – das sicher nicht.

Es gab ihn dennoch weiterhin. Man wusste zwar nicht genau, welchen, wie viel und wo genau, aber so ist das halt mit dem Gemischten Satz. In den Vordergrund gerückt wurde er nie, das machte man mit den Rieslingen und Chardonnays, dennoch überlebte er – nicht

Rebsorten wie Grüner Veltliner, Riesling, Traminer, aber auch Burgundersorten wie Rotgipfler und Zierfandler sind die Basis für den Wiener Gemischten Satz, der nach den strengen DAC-Regeln produziert wird.

Blick vom Weingarten Richtung Donau. Der zweitgrößte Fluss Europas hat gemeinsam
mit dem Wienerwald einen positiv kühlenden Einfluss auf das Mikroklima in den Weingärten am Nussberg.

zuletzt dank der Konsequenz und Überzeugung von Franz Mayer, der diesem Wein über Jahrzehnte die Treue hielt und ihn in seinem reichhaltigen Rebsortenspektrum an ebenbürtige Stelle neben die „edlen“ Rieslinge, Veltliner und Burgunder stellte.

Mit der erstaunlichen Renaissance des Wiener Weins ab 2005 kam allerdings auch der Gemischte Satz wieder ins Spiel. Er wurde sowohl von den Arrivierten als auch von den zahlreichen Quereinsteigern und Neowinzern als Faszinosum erkannt, als authentisch, als identitätsstiftend, als Chance für den Wiener Wein. Gemischter-Satz-Weingärten, die man aus Imagegründen davor lieber als „Grünen Veltliner“ verzeichnete, oder uralte Mischsatz-Weingärten, die bis dahin immer nur den einfachsten Schankwein des Hauses abgegeben hatten, wurden neu bewertet, neu gepflegt und ergaben plötzlich ganz neue Weine: vielschichtige, uneindeutige, komplexe, großartige Weine, von zartgliedrig bis voluminös.

Der Gemischte Satz wurde als Paradebeispiel der „Terroir“-Idee erkannt – ein Wein, der sich durch Herkunft und Tradition erklärt, nicht aber durch seine Rebsorte. Die internationale NGO „Slow Food“, eine Art Menschenrechtsorganisation für Genuss und Erhaltung der Biodiversität, entdeckte den Wiener Gemischten Satz, verlieh ihm 2008 das Siegel „Presidio-Produkt“ und kürte ihn damit zum Mitglied einer Elite internationaler Produkte mit regionaler Identität, Geschichte und individuellem Charakter. Das brachte enorme Aufmerksamkeit, Wein-Blogger in aller Welt verliebten sich in den Wiener Gemischten Satz und seine Unkonventionalität, eine vor allem in den USA situierte Szene von Freunden so genannter „field-blends“ stürzte sich mit Begeisterung auf das Thema.

Schließlich sah sogar der Gesetzgeber Handlungsbedarf: Die Wiener Landwirtschaftskammer definierte den Gemischten Satz und stellte strenge Bedingungen dafür auf, einen Wein „Wiener Gemischter Satz“ nennen zu dürfen (mindestens drei verschiedene Rebsorten, maximal 50 % einer Sorte, der drittgrößte Anteil muss mindestens 10 % betragen, gemischt im Weingarten ausgesetzt, ausschließlich Wiener Trauben …). Mittlerweile findet man den Wiener Gemischten Satz auf jeder Weinkarte Wiens. Fast jeder Wiener Winzer, der derzeit einen Weingarten neu auspflanzt, tut das gemischt, setzt wieder Gemischten Satz: Grüner Veltliner, Weißburgunder, Grauburgunder, Welschriesling, Riesling, Traminer, Neuburger, Rheinriesling, Rotgipfler, Zierfandler. Manche Winzer setzen sogar ein paar Stöcke uralter, fast verschwundener Rebsorten wie Grünen Sylvaner oder Rosenmuskateller. Nicht, weil man es schmecken würde, sondern gewissermaßen als Huldigung an die Idee und die Tradition. Im August 2013 wurde dem Wiener Gemischten Satz schließlich sogar der DAC-Status verliehen.

ROTES HAUS

Das Weingut Rotes Haus ist mit einzigartigen Weingärten am Nussberg, dem wohl berühmtesten aller Wiener Weinberge, gesegnet.

Georges Desrues

Große Weine sind stets auch stark von der Landschaft beeinflusst, in der die Rebstöcke gedeihen. Terroir ist beim Wein tatsächlich charakterbildend. Es gibt einige wenige Lagen auf dieser Welt, die braucht man nur zu sehen oder zu betreten, um zu spüren und zu begreifen, wieso hier guter Wein entsteht. Dazu gehören beispielsweise der ummauerte Weingarten Clos de Vougeot im Burgund, der mythische Hügel namens Cannubi bei Barolo oder der Kaiserstuhl im deutschen Baden. Und auch der Wiener Nussberg ist eine solche Lage. Noch vor etwas mehr als hundert Jahren zählten Weine von hier zu den teuersten, die in der K.-u.-k.-Monarchie erhältlich waren. Heute ist der Nussberg zwar mit den öffentlichen Verkehrsmitteln mühelos zu erreichen, doch dass er mitten in der Stadt liegt, kann man freilich nicht behaupten. Vielmehr schwebt er gewissermaßen über ihr.

Gegliedert ist der Nussberg in drei Teile: die untere Schoss, die mittlere Schoss und die obere Schoss. Diese unterteilen sich ihrerseits wieder in kleinere Rieden mit uralten Riednamen wie Langteufel oder Preussen. Für die Weinerzeugung ist der Nussberg allein schon wegen der Lage prädestiniert. Die Ausrichtung des Weinbergs in Richtung Süden sorgt für genügend Sonneneinstrahlung. Über die weite, flache Ebene im Südosten dringt mildes pannonisches Klima ein, das durch die Thermik und Abstrahlung des Stadtgebietes unterstützt wird und den Trauben die ausgewogene Reife verschafft. Der breite Grüngürtel des Wienerwalds in Richtung Norden wiederum sorgt für genügend Abkühlung in der Nacht und somit für die Aroma-Ausprägung. Regulierend auf all das wirkt der Donaufluss.

An brütend heißen Sommertagen steigt von Nussdorf die nachmittägliche Hitze scheinbar den Weinberg herauf und bringt die Luft über dem Stadtgebiet zum Flimmern. Man öffnet ein metallenes Tor und geht ein paar Schritte entlang der Rebstöcke hinab. Stehen bleibt man vor einem kleinen roten Winzerhaus mit Terrasse. Vielleicht das Haus mit dem besten Ausblick in ganz Wien – und Namensgeber für ein Weingut: das Rote Haus. Inzwischen hat man die damals auf 1,7 Hektar beschränkte Anbaufläche des Roten Hauses durch Zukäufe auf neun Hektar ausgedehnt. Sämtliche Weine des Roten Hauses stammen ausschließlich vom Nussberg, dessen Boden bemerkenswert kalkhaltig ist. Der Kalkgehalt variiert zwischen 25 und 65 Prozent und vereint sich mit Lehm, Ton und Sand. Burgundersorten geraten auf derartigem Terroir ganz besonders gut. Dadurch ist der Wiener Gemischte Satz des Roten Hauses auch stark geprägt von den cremigen Aromen des Weiß- und Grauburgunders, des artverwandten Neuburgers, aber auch des Traminers. Reinsortig werden Grüner Veltliner, Chardonnay und Traminer angeboten, Merlot rundet das Sortiment ab.

Alle Weine des Gutes sind in der Kellertechnik bewusst als sehr offene Weine mit ziemlich hohem Sauerstoffeintrag konzipiert, die zum Teil im großen Holzfass vergoren und gelagert werden, was für eine zusätzliche Belüftung sorgt. Sie sind hinsichtlich ihrer Reifung weniger als Sprinter zu sehen denn vielmehr als Marathonläufer, die ihre Zeit brauchen, dabei aber eine konstante Entwicklung durchmachen, die man auch durch offene Ausbaumethoden unterstützt. Es handelt sich also um Weine, die von der Lage erzählen, aus der sie stammen – von einem sonnengefluteten Hügel hoch oben über der Donau mit Blick über die Dächer von Wien.

Das Rote Haus, ein schmuckes Kleinod auf dem Nussberg, mit einer der schönsten Aussichten auf Wien

Hans Schmid mit Wien-Wein-Doyen Franz Mayer auf der Terrasse des Roten Hauses am Nussberg

MAYER AM PFARRPLATZ

Das traditionsreiche Weingut
ist mit seiner langen Geschichte
das Synonym für Wiener Weinqualität.

Georges Desrues

Als Hans Schmid Franz Mayer aufsuchte, wollte er den legendären Wiener Winzer eigentlich nur dafür gewinnen, seine Rotes-Haus-Weingärten am Nussberg zu bewirtschaften und für ihn die Weine zu vinifizieren. Doch Franz Mayer bot ihm letztlich gleich seinen ganzen Betrieb zum Kauf an. Dieser umfasste das Weingut Mayer am Pfarrplatz und den dazugehörigen Heurigen gleichen Namens. Beide Betriebe verkörperten stets so etwas wie das Kompetenzzentrum des Wiener Weins. Mayer war ein großer Erneuerer und schon zu Lebzeiten eine Legende des Wiener Weinbaus. So hat er beispielsweise bereits Ende der 1960er-Jahre mit Techniken wie der gekühlten Gärung experimentiert, die in Österreich erst seit zehn Jahren Standard ist, sowie durch die Verwendung einer Zentrifuge extrem blanke Moste erzeugt, was für sehr fruchtbetonte Weine sorgte. So neu war das alles, dass Mayers Weine damals schmeckten, als kämen sie sprichwörtlich von einem anderen Stern.

Zum Weingut Mayer am Pfarrplatz gehören heute mehr als 74 Hektar Weinbaufläche, von denen der überwiegende Anteil im 19. Wiener Gemeindebezirk liegt und sich auf 120 Grundstücke von der Donau bis hin nach Neustift verteilt. Durch die Vielzahl völlig unterschiedlicher Lagen findet man in diesen Weingärten eine extrem hohe Vielfältigkeit der Böden, des Mikroklimas und der Rebsorten. Besonders herausragend sind die Weine von den Lagen Nussberg und Schenkenberg sowie Alsegg.

Der Weinberg Alsegg ist die einzige Anbaufläche des Weingutes, die nicht im 19. Bezirk liegt. Dabei handelt es sich um eine acht Hektar große Einzellage in einem dicht besiedelten Gebiet des 17. Bezirks. Weithin bekannt ist sie, weil an ihr die Straßenbahnzüge der Linie 43 vorbeirattern, durch deren Fenster plötzlich und völlig unerwartet zwischen den Villen und Wohnhäusern der gepflegte Weingarten auftaucht. Das Bild der Straßenbahn vor dem Weinberg (siehe Seite 38) wurde inzwischen oft bemüht, wodurch es zu einer Art Sinnbild für den Weinbau innerhalb des Wiener Stadtgebiets wurde. Dazu ist der Alsegg der älteste Weingarten Wiens, der bereits am Beginn des 11. Jahrhunderts urkundlich erwähnt wurde. Es handelt sich um eine absolute Toplage mit Lehm- und Lössboden und sonnenreicher Südexposition, auf der einige der besten und typischsten Rieslinge der Stadt gedeihen.

Schon zu Zeiten Franz Mayers war der Riesling neben dem Gemischten Satz der bedeutendste Wein des Guts. Als Basis für Letzteren dienen die Rebsorten Grüner Veltliner, Riesling, Rotgipfler und Zierfandler. Mayer schwor schon sehr früh auf das qualitative Potenzial des Gemischten Satzes und füllte ihn in Bouteillen ab, anstatt ihn ausschließlich im Heurigenbetrieb als Schankwein auszuschenken. Mayer perfektionierte die Idee, sortenmäßig unterschiedliches Traubenmaterial in zum Teil verschiedenen Reifestadien gleichzeitig zu ernten und zu keltern. Dass der daraus entstehende Wein sehr wohl den Charakter einer Lage wiedergeben kann, ist eine der ganz großen Besonderheiten des Wiener Weins.

Die Aushängeschilder des Weinguts Mayer am Pfarrplatz sind bis heute Riesling und Wiener Gemischter Satz. In beiden Fällen handelt es sich um durchwegs trinkfreudige

Weine, die sich durch eine reduktive Stilistik, durch Saftigkeit am Gaumen und durch ihren knackigen Säurekern auszeichnen – perfekte Speisenbegleiter, die zu der hier am Platz gebotenen Wiener Küche und zur Heurigenkost besonders gut passen.

Ein besonderer, limitierter Genuss ist in guten Jahren der Riesling „Weißer Marmor“. Seine Trauben stammen aus dem Weingarten, der im untersten Teil der oberen Schoss am Nussberg liegt und einen halben Hektar umfasst. Der hohe Kalkanteil im Boden und vor allem die ganz spezielle Mineralik sind namensgebend für den Wein, der sich in seiner Rebsortenkategorie sogar mit prominenten Weißweinlegenden aus der Wachau zu messen vermag.

Tradition bewahren: historische Weinfässer im Keller des Weinguts Mayer am Pfarrplatz

TRINK BEETHOVEN

Ludwig van Beethoven hat einige Zeit am Pfarrplatz gewohnt, gearbeitet und auch den Wein genossen. Eigens abgefüllte Beethoven-Weine erinnern an diese Zeit.

Im romantischen, denkmalgeschützten Vorstadthaus am Pfarrplatz hat Ludwig van Beethoven (1770–1827) im Jahr 1817 gewohnt. Während seiner Zeit in Heiligenstadt arbeitete er an der „Eroica" und begann sein Opus magnum, die „9. Symphonie". Noch heute erinnert seine Wohnung im ersten Stock an ihn, die man vom Gastgarten des Heurigen Mayer am Pfarrplatz aus über eine kleine Treppe erreicht.

Vor allem in den Sommermonaten wanderte Beethoven durch Heiligenstadt und die Weinberge – nicht gerade unauffällig im Auftritt mit seiner prägnanten ungebändigten Haarpracht, vielleicht laut vor sich hinbrummend, um sich selbst Gehör zu verschaffen und den Noten in seinem Kopf Ausdruck zu geben.

Für Ludwig van Beethoven waren die Aufenthalte in Heiligenstadt, damals noch ein ländlicher Wiener Vorort, von tiefen Gefühlen geprägt. Er litt unter einem Gehörleiden und erhoffte sich vom Besuch der Kuranstalt in Heiligenstadt, die in unmittelbarer Nähe zum Mayer am Pfarrplatz gelegen war, Besserung. Bereits 1802 hatte Beethoven im „Heiligenstädter Testament" (siehe Seite 120) seine Verzweiflung wegen seiner Schwerhörigkeit in erschütterten Worten dokumentiert.

In Heiligenstadt schien Ludwig van Beethoven neue Kraft gefunden haben. Im Doppelhaus des Weingutes Mayer am Pfarrplatz bezog Beethoven 1817 eine Wohnung. Es war eine von vielen in Wien, was aber zu dieser Zeit nicht unüblich war. Schon viel bemerkenswerter ist da die Tatsache, dass sich das heute existierende Gebäudeensemble am Pfarrplatz kaum von jenem unterscheidet, das sich damals dem Komponisten präsentiert hat.

Das erste Mal kam Beethoven im Alter von knapp 17 Jahren nach Wien, studierte in den Folgejahren bei Haydn, später auch bei Salieri. Bald fand er Mäzene und reüssierte als Klaviersolist, zunächst in privaten Häusern, seit 1795 öffentlich. In dieser Zeit entstanden auch seine ersten bedeutenden Kompositionen, darunter allein 20 seiner 32 Klaviersonaten, eine erste Serie von sechs Quartetten sowie seine ersten beiden Symphonien. Die Hochs und Tiefs rund um sein Gehörleiden schienen ihn letztlich in der Kreativität zu beflügeln und machten ihn zum bedeutendsten Komponisten seiner Zeit. Als erster Komponist der Geschichte war Ludwig van Beethoven ein öffentlicher Star, wurde hofiert und war auch dem Feiern nicht abhold. Wein galt in dieser Zeit in manchen Situationen gesünder als Wasser. Was damals niemals ahnen konnte: Das dem Wein zwecks Stabilisierung zugesetzte Blei war alles andere gesund. Fatalerweise floss auch das gesamte Trinkwasser durch Bleileitungen.

Eine Hommage an Ludwig van Beethovens Zeit am Pfarrplatz: Die eigene Beethoven-Weinmarke ist besonders in Asien sehr beliebt.

Als Beethoven 1827 starb, folgten an die 20.000 Menschen dem Trauerzug. Eine riesige Menge, wenn man bedenkt, dass Wien zu dieser Zeit rund 200.000 Einwohner zählte. Beethoven wurde ursprünglich am Währinger Friedhof begraben. Mit dem Umziehen war aber auch dann noch nicht Schluss. Die aktuelle Adresse seines Grabes lautet: Zentralfriedhof, Gruppe 32 A, Nr. 29.

Weine, die dem heutigen Gemischten Satz ähneln, wurden schon zu Beethovens Zeiten gerne getrunken. In Erinnerung an Ludwig van Beethovens Zeit am Pfarrplatz wurde eine eigene Beethoven-Weinmarke kreiert, die vor allem in China und Japan sehr beliebt ist. Sie ist sogar so populär, dass die Weine in China vor einigen Jahren ungewollte Nachahmer fanden. Dort tauchten Flaschen der „Mayer Wineries“ auf, die allerdings mit dem Original nichts zu tun hatten. Normalerweise finden sich im internationalen Handel Weinfälschungen von kostspieligen Bordeaux-Weinen wie beispielsweise Château Lafite-Rothschild. Die Tatsache, nun in dieser Gruppe der Kopien aufzuscheinen, war daher nicht nur ein Ärgernis, sondern auch eine Ehre – zumal die Hersteller der Fake-Weine es mit den Details nicht so genau nahmen.

Was für eine Ehre: Nicht nur teure Bordeaux-Weine, auch Fälschungen von Mayers Beethoven-Wein tauchten in China auf dem Weinmarkt auf!

Die „Beethoven-Stiege", abgebildet auf einer Postkarte des Jahres 1943. Im ersten Stock des Hauses, dem heutigen Mayer am Pfarrplatz, befand sich Ludwig van Beethovens Wohnung im Jahr 1817.

DAS TEAM VOM WEINBAU

Ein tatkräftiges Team steht hinter dem Erfolg der beiden Weingüter Rotes Haus und Mayer am Pfarrplatz.

ALSEGG

Die Riede Alsegg in Dornbach wurde urkundlich erstmals 1042 erwähnt und ist somit der älteste Weingarten Wiens.
Die hier auf etwa acht Hektar Rebfläche wachsenden Rieslinge und der Sauvignon blanc „Hernals" genießen einen legendenhaft guten Ruf.

DER MAYER AM SCHWARZENBERGPLATZ

60 Rebstöcke hegt und pflegt das Mayer-am-Pfarrplatz-Team im kleinsten Weingarten Wiens am Schwarzenbergplatz. Die Rebsorten sind ein klassischer Wiener Gemischter Satz, vor rund 100 Jahren gepflanzt. Beim Fototermin für die Presse legen Dompfarrer Toni Faber, Bürgermeister Michael Häupl, Herbert Schilling (Landwirtschaftskammer Wien) und Hans Schmid persönlich bei der Lese Hand an.

Nussberger Rieden
Obere Mitterberge
Neusatz
Kahlenberger Straße
Pratteln
Schweizer-
bergen
Buschenschank
Mayer am Nussberg
Untere
Mitterberge
Rothen
Haarlocke
Schlegel
Plagen
Wildgrubengasse
Krapfenwaldgasse
Cobenzlgasse
Schreiberweg
Hernalser Riede
Korngasse
Himmelmutterweg
Alsegg
Alszeile

Die Rieden der Weingüter Rotes Haus und Mayer am Pfarrplatz

DER HEURIGE MAYER AM PFARRPLATZ

BUSCHENSCHANK
AWC
GOLD '13
WILLKOMMEN BEIM

G'SUNGAN UND G'SPÜT

Ohne Schrammelmusik und die vielen Wienerlieder wäre es kein richtiger Wiener Heuriger. Darum haben Volksmusiker wie Peter Machaczek beim Mayer am Pfarrplatz ihren regelmäßigen Auftritt. Die Wirkung: hörbar inspirierend.

DAS BEETHOVENSTÜBERL

Ein typisches Stüberl des Heurigen Mayer am Pfarrplatz ist dem Maestro gewidmet, der 1817 einen Sommer lang hier residierte. Der perfekte Ort, um die ausgezeichneten Mayer-Weine zu verkosten und einen netten Abend zu genießen.

ZUR ABENDSTUNDE

Zart weht ein Lüfterl, und die Musi spielt so schön. In lauen Sommernächten pilgert ganz Wien zum Heurigen.
Im Innenhof vom Mayer am Pfarrplatz lassen die erfrischende Kühle und die erhebend gemütliche Stimmung den Wein und das Buffet gleich noch einmal so gut schmecken.

BEETHOVENS VOLKSWAGEN

Eine Heurigentour zum Mayer am Pfarrplatz: via Postkarten, Ludwig van B., Facebook, iPhone. Und retour.

Christian Seiler

Eine Postkarte aus dem Jahr 1962 zeigt das Beethovenhaus vom Pfarrplatz aus gesehen: ein introvertiertes, harmonisch geschnittenes Haus mit zwei Giebeln und der sie verbindenden Mauer gegen außen, daneben ein VW Käfer. Eine Postkarte aus dem Jahr 1945 zeigt das Beethovenhaus ohne VW Käfer. Noch eine Postkarte aus den Zwanzigerjahren. Eine aus dem späten 19. Jahrhundert. Dann sind da noch einige hübsche, bunte Zeichnungen besagten Hauses, die noch bedeutend älter sind – genau kann sich Hannes Schmid nicht festlegen, als er die Schätze seiner Postkartensammlung, die er mit detektivischer Leidenschaft zusammengetragen hat, auf dem Schreibtisch ausbreitet. Die Unterschiede zwischen den Darstellungen des Beethovenhauses, die solcherart durch die Jahrzehnte, ja Jahrhunderte switchen, sind erstaunlich: Es gibt praktisch keine.

Das Haus mit der charakteristischen Silhouette und seiner den Pfarrplatz definierenden Funktion ist seit dem Jahr 1817, als Ludwig van Beethoven hier eine kleine Wohnung bezog, in seiner Substanz unverändert geblieben. Es beherbergte damals wie heute das Weingut Mayer, das seit 1683 in Heiligenstadt zu Hause ist. Das Doppelhaus ist also vermutlich noch ein paar Jahre älter.

Der große Beethoven hielt sich übrigens deshalb in Heiligenstadt, einem auf einer Terrasse über der Donau gelegenen Winzer- und Kurdörfchen, auf, weil er sich durch den Besuch der nahe dem Pfarrplatz gelegenen Badeanstalt und ihrer mineralischen Quellen Linderung der physischen und psychischen Beschwerden versprach, an denen er litt. Er war verzweifelt über seine galoppierende Schwerhörigkeit, worüber er in seinem „Heiligenstädter Testament“ (siehe Seite 120) von 1802 ergreifend klagte.

Als Beethoven, inzwischen längst zum bewunderten und umworbenen Klassiker seiner Zeit aufgestiegen, 1817 nach Heiligenstadt zurückkehrte und sich eine Sommerwohnung im Weingut am Pfarrplatz nahm, beschrieb Beethovens Biograph Joseph August Lux die Szenerie so: „Das Haus ist lieblich gelegen, am stillen, sonnigen Pfarrplatz, in dessen Mitte sich eine Johannesstatue erhebt, umgeben von vier Akazien. Von der Hausecke schaut aus blauem Grund der heilige Florian herab, ein breites Tor führt in den Hof; wilder Wein überwuchert wie ein dichtgrüner Vorhang die offene Holztreppe an der linken Langseite, über die man in die primitiven Zimmer hinaufkommt, die mit ihren Fenstern weit hinaussehen über die Donau, ins Marchfeld hinüber …“

„Das mit dem Blick ist heute vielleicht nicht mehr so“, sagt Hannes Schmid lächelnd, der Geschäftsführer der Pfarrplatz- und Weinbau-Betriebe, „aber sonst …“ Er deutet von seinem Büro im linken der beiden Vorstadthäuser hinunter in den mit abgetretenen quadratischen Steinen gepflasterten Hof: Das Ensemble sieht exakt so aus, wie Joseph Lux es einst beschrieben hat. Es wirkt wie aus der Zeit gefallen. Der Johannes. Der Florian. Der wilde Wein. Wenn besagtes Vorstadthaus sein mächtiges Tor aufsperrt, hat also der Mayer am Pfarrplatz offen. Der tägliche Startschuss für einen gehobenen Heurigenbetrieb begründet auch einen angewandten Geschichtsunterricht bei gleichzeitiger Verköstigung und Labung der Gäste.

Das Beethovenhaus im Wandel der Zeit: auf einer Postkarte von 1962 (oben) und über 50 Jahre später die kaum veränderte Fassade des Mayer am Pfarrplatz (unten)

Die Sache mit dem Beethoven ist das eine (und das ganze Grätzel steht ja im Zeichen des großen Polterers und frühen Popstars; seine Gegenwart hat sich beziehungsreich in der Namensgebung verschiedener Bauwerke, Gassen, Wege und Monumente rund um den Pfarrplatz niedergeschlagen). Aber beim Mayer am Pfarrplatz mit seinem ungeheuren Fundus an Geschichten haben sogar die Beethoven-Legenden einen doppelten Boden. Du suchst also Beethoven, und was bekommst du? Der Schauspieler Oskar Werner, jahrelang Stammgast beim Mayer, ist auf einer Schautafel im Heurigen samt vielen seiner großen Rollen verewigt – und wen spielte er zum Beispiel, neben seinen Rollen in „Der Engel mit der Posaune“ oder „Jules et Jim“? Genau, Ludwig van Beethoven in der Hagiographie von Walter Kolm-Veltée aus dem Jahr 1949. Du suchst beim Heurigen Beethoven, und was kriegst du? Oskar Werner. Und umgekehrt.

Der Heurige. Wiener Institution, entsprungen dem beiderseitigen Bedürfnis von Winzer und Kunde, am Originalschauplatz den Wein zu trinken, den der Winzer selbst hergestellt hat, und dazu eine kleine Jause zu essen. Entsprechend den Regeln, die aus einer Zeit stammen, die man bestenfalls noch von der eigenen Postkartensammlung kennt, besteht diese Jause aus eigenen Erzeugnissen des Heurigenwirts, was freilich voraussetzt, dass sich hinter dem Haus nicht eine Eisfläche fürs Eisstockschießen befindet, sondern ein paar Schweine, deren Schicksal es ist, als Geselchtes am Heurigenbuffet für glänzende Augen und anerkennend hochgezogene Brauen zu sorgen.

Der Mayer am Pfarrplatz steht also vor der paradoxen Aufgabe, einerseits seine aus der Zeit gefallene Stimmung zu konservieren und für Gäste, die aus der ganzen Welt nach Heiligenstadt kommen, zu zelebrieren, aber gleichzeitig den Anforderungen gerecht zu werden, die an eine moderne Heurigengastronomie gestellt werden. Dazu kommt eine zusätzliche Herausforderung: Das Haus ist groß.

Trotzdem hast du niemals das Gefühl, dich in einer großen Heurigenhütte zu befinden, weil der Mayer am Pfarrplatz äußerst harmonisch rhythmisiert ist: der erste Hof, der mit den Pflastersteinen, von wo es hinauf in die Beethovenwohnung geht; rechts der Eingang in den ersten Schankraum; der Durchgang in einen nächsten Hof; der Garten, in dem im Sommer bis zu 350 Menschen sitzen, trinken und der Heurigenmusik lauschen können, die von Tisch zu Tisch zieht. Der dienstälteste Wienerliedsänger beim Mayer am Pfarrplatz hieß übrigens passenderweise Walter Maier (nicht verwandt, auch nicht verschwägert) und spielte 25 Jahre lang im legendären Innenhof, der von in Schönbrunner Gelb getünchten Wänden eingefasst wird, hinter denen sich ein Labyrinth weiterer, zum Teil klandestiner Stuben verbirgt.

Wenn das Haus voll ist, können hier 450 Leute ihren Hunger stillen und ein Gläschen heben. Aber sie tun das nie im Bewusstsein, einen Großbetrieb zu besuchen. Zu feingliedrig ist das große Ensemble, zu verspielt, dem Zeitakkord geschuldet, in dem es entstand, vergrößert, erweitert, ausgebaut wurde. Entsprechend verschwenderisch kann der Mayer am Pfarrplatz mit seinen Geschichten umgehen. Hier der Tisch, wo sich Leopold Figl für die Staatsvertragsverhandlungen aufgewärmt hat; dort der Stammplatz des Komponisten Robert Stolz; und drüben der Tisch unter der gigantischen historischen Weinpresse, an dessen Stirnseite man den Sessel fest mit dem Holzboden verschraubt hat.

Mit gutem Grund: Würde der Vorsitzende nämlich im Überschwang der Gefühle etwas zu weit nach hinten rücken, etwa, um mit entsprechendem Schwung zu ewigen Worten anzusetzen, könnte es passieren, dass er einen kapitalen Köpfler über eine hohe Stufe hinunter in die unbeabsichtigte Ewigkeit unternimmt. Dem beugte man mit vier starken Eisenwinkeln lieber vor.

Da das übersichtliche Buffet dem Ansturm von ganzen Hundertschaften hungriger Gäste nur bedingt gewachsen ist – hier kommt wiederum eine Verordnung ins Spiel, die vorschreibt, dass jede an einem Heurigenbuffet bestellte Speise abgewogen werden muss, um ihren Preis zu bestimmen; dieser Prozess kann die heikle Balance von Hunger und Geduld manchmal aus dem Gleichgewicht bringen –, wird im Mayer am Pfarrplatz auch à la carte serviert. Dass es ein erstklassiges Wiener Schnitzel (vom Kalb, mit Erdäpfelsalat) gibt, versteht sich von selbst. Daneben hat sich die Küche aber auch Interpretationen klassischer Heurigengerichte ausgedacht, etwa das Fleischlaberl in einem Wachauer Weckerl, was als heurigenmäßige Burgerkreation gelten darf, oder in der Spargelzeit das „Spargel-Cordon-bleu", was ein paar Spargelstangen meint, die von einer Scheibe Schinken ummantelt und anschließend paniert und herausgebacken werden. „Davon", sagt Clemens Keller, Geschäftsführer der Pfarrplatz-Betriebe, „verkaufen wir inzwischen mehr als vom klassischen Spargel mit Hollandaise."

Der Heurige an und für sich ist eine Institution, das gilt für den Mayer am Pfarrplatz im Speziellen. Institutionen neigen dazu, sich selbst zu genügen. Das kann auch zu Stillstand führen. Der „Herr Ingenieur" Franz Mayer, langjähriger Herr im Beethovenhaus, neigte zum Beispiel dazu, seinen zahlreichen Stammgästen Plätze im ersten Hof, dem Prachtstück des Heurigen, zu reservieren, was an sich noch nichts Ungewöhnliches ist. Die Stammgäste beanspruchten ihren Tisch allerdings täglich – ohne Berücksichtigung der Tatsache, ob sie persönlich anwesend waren oder nicht. Selbst wenn sie im Urlaub weilten, hatten ihre Tische für sie freigehalten zu werden, was dazu führte, dass die schönsten Plätze des Mayer am Pfarrplatz oft nicht besetzt waren. Könnten ja noch Stammgäste auftauchen.

An solchen Rädern musste die neue Pfarrplatz-Equipe drehen, als sie 2007 den legendären Betrieb von Franz Mayer übernahm, um ihn behutsam in die neuen Zeiten zu führen. Es galt, den Stammgästen einen Tisch aufzuheben, wenn sie tatsächlich kommen wollten, darüber hinaus aber eine tragfähige Balance zwischen klassischen Heurigengehern und Gästen herzustellen, die das Thema erst für sich entdecken wollten. Das bedeutete einen interessanten Spagat zwischen korrekt-puristischen Liptauerbroten und Hinweisen auf Facebook, dass beim Mayer am Pfarrplatz eine interessante Partie neue Wienerlieder spielt oder hinten im letzten Garten die Eisstockbahn wartet. Am Schluss musste das ja alles zusammenfinden, Platz genug gibt es ja.

Natürlich half dabei, dass Mitarbeiter wie Heidi Muuhs das Beste aus beiden Welten vereinen. Sie hat bereits eine erkleckliche Anzahl an Jahren beim Herrn Ingenieur gearbeitet und bewährt sich auch im neuen Verbund als „Fels in der Brandung", wie es Hannes Schmid ausdrückt. Kennt jeden, weiß alles, hat alles schon einmal erlebt: Bessere Voraussetzungen für das Streben nach Fortschritt gibt es nicht.

Nun ist die Geschichte eines Hauses ja immer auch die Geschichte der Menschen, die es bewohnen und bewirtschaften – damit ist diesmal aber nicht das temporäre Bewohnen gemeint, das erledigen ja wir, die Gäste. Beim Mayer am Pfarrplatz begannen schon bald nach der Eröffnung Menschen zu arbeiten, deren Lebensgeschichte sie durch halb Europa nach Heiligenstadt geführt hatte und die trotz mancher früherer Verwerfungen munter die Stufen der Gasthaushierarchie hinaufkletterten. Einige Mitarbeiter haben auf diese Weise, ohne Ansehens der Herkunft, schlicht durch Präsenz und Leistung, das erreicht, was man eine Karriere nennen kann. Menschen aus verschiedensten Ländern arbeiten hier zusammen. Neben Kollegen aus Österreich sind das Menschen aus Albanien, der Slowakei, Deutschland, Ungarn, Slowenien, Kroatien, Rumänien, Tschechien, Polen, Bosnien und dem Iran, manchmal auch noch aus anderen Ländern. Niemandem wäre es in diesem offenen Haus eingefallen, die Leistung eines Mitarbeiters in ein Verhältnis zu seiner Herkunft zu setzen. Das Wort Integration wird gar nicht verwendet, weil Integration selbstverständlich gelebt wird.

Manchmal kristallisiert sich der Fortschritt also sozusagen aus dem Inneren heraus, wenn die traditionellen Werte neu gelebt und inspiriert werden. Manchmal führt der Fortschritt dann auch bergauf, dorthin, wo der Mayer am Pfarrplatz auf dem Nussberg eine Außenstelle, namentlich eine Buschenschank betreibt: herrlicher Blick über Wien, Bänke in der Wiese, Decken, Liegestühle, um Picknick zu machen, manchmal auch ein bisschen

HISTORISCHE WEINPRESSE

Musik. Gäste dieses Freiluftzaubers schauen sich, besonders wenn das Wetter einmal nicht mitspielt, gern das Stammhaus an: vielleicht auf ein puristisches Schmalzbrot, vielleicht auf ein Spargel-Cordon-bleu, vielleicht auch, um die Weine des Hauses einmal etwas systematischer zu verkosten. Das hat zur Folge, dass eine neue Generation von Heurigenbesuchern sich in die Zeitlosigkeit hinter der Pfarrplatzmauer begibt und vielleicht zum Abschied mit dem iPhone ein Foto aufnimmt, auf dem das Beethovenhaus vom Pfarrplatz aus zu sehen ist. Kein Unterschied zu damals, 1962, einmal abgesehen vom VW Käfer.

Original-Baumpresse aus dem Jahr 1617 im Stüberl des Heurigen Mayer am Pfarrplatz

ZEITREISE MIT STAMMGÄSTEN

Leopoldine und Kurt. Eine Geschichte von Liebe und Treue. Seit mehr als fünfzig Jahren Frühlingsgefühle unter dem Heurigen-Himmel. Verwachsen mit dem Wein und dem Wirt. Ein Lied auf die Zukunft! Der Akkordeon-Mann spielt es ihnen.

Marga Swoboda

Kinder, wie die Zeit vergeht! Leopoldine und Kurt Kollroß ließen sich gerne von Walter Maier ein Lied spielen, halfen als Stammgäste aber auch, fast wie Familienmitglieder, bei besonderen Anlässen mit.

Punkt 22:11 Uhr werden sie in den Bus steigen, gleich bei der Grinzinger Straße, fast vor der Tür. Von Heiligenstadt mit der U-Bahn bis Philadelphiabrücke fahren, den Rest mit dem Taxi. Jeden Mittwoch und jeden Samstag geht das so. Das Achterl und das herrliche Wiener Wasser stehen auf dem Tisch, dem Figl-Tisch, in Erinnerung an herrlich reblausige, diskrete Abende des Staatsmannes beim Mayer am Pfarrplatz. Der Figl selig! Der erste Spargel liegt auf dem Teller, in einem zarten Mantel aus Schinken und einer luftigen Panier. Es ist Mai. So schmeckt das Leben. Köstlich.

Leopoldine und Kurt Kollroß hatten schon zum 54. Mal Mai miteinander. Da ist die Zeit vor der Hochzeit noch gar nicht mitgerechnet. Und dieser Platz unter dem Himmel von Grinzing gehört ihnen seit 54 Jahren. „Na ja, nicht ganz. Beim ersten Mal, da mussten wir wieder umdrehen auf dem Absatz. Keine Reservierung, kein Platz. Der Mayer war schon damals das, was man heute einen Hotspot nennt.“ Die späten 50er-Jahre. Die eleganten Tenniscliquen von der Hohen Warte.

Auch feine Leute brachten noch ganz gern ihr Jausenpaket mit. Der Heurige in seiner alten historischen Bescheidenheit. Der Wein aber, der musste erstklassig sein. Das war er, das ist er. Leopoldine ist eine fesche und temperamentvolle Frau geblieben. Fast fünfzig Jahre verantwortungsvoller Job im Speditionswesen, das Leben sollte und wollte aber auf keinen Fall zu kurz kommen. Ihr Mann, eine elegant-zurückhaltende Erscheinung, war der Generalsekretär vom Wiener Trabrennverein. Zu seiner Zeit (1971) hat man sogar noch einen WM-Titel für Österreich eingefahren.

Zeitreise durch mehr als ein halbes Jahrhundert. Es konnte am Himmel oder im Leben stürmen wie es wollte: Jour fixe am Mittwoch und am Samstag beim Mayer. Hochzeiten, Geburten, Todesfälle. Großes Juchhe oder Krisen: Der Heurigen-Tisch war und bleibt der beste Platz für Seelen-Hygiene und Über-Mut. Man braucht keine Couch-Therapie, wenn das Lachen und das Weinen und die Musik und der Wein einen durchs Leben tragen. Politiker, Industrielle, Sportler, Kulturpersönlichkeiten. Kurt und Leopoldine haben Erinnerungen an Abende gespeichert, die nicht enden wollten. Und sie haben so viele von den Freunden und Bekannten schon gehen gesehen. Es hat sich furchtbar ausgedünnt, wir sind nur noch wenige, sagt Leopoldine ohne große Wehmut. Erst recht muss man doch die Zeit genießen, nicht?

Die Freundschaft mit Franz Mayer, dem großen Weinbauern und Wirt, hat über Jahrzehnte gehalten. Eine Freundschaft war das, wie sie sonst kaum möglich ist zwischen Wirtsleuten und Gästen. Er hatte alles, was man an einem Menschen mögen kann. Nur Zeitgefühl hatte er keines. Nachts um drei sagte der noch immer, dass man unter so einem Sternenhimmel auf keinen Fall schlafen gehen könne. Sperrstund' und solche Sachen kannte man nicht. Der Tisch, der so ein Zuhause geworden ist, musste langsam erkämpft werden. Der Herr Ober, ein Mann wie ein Zerberus, wachte über dieses Karree, und an diesen Platz vorrücken zu dürfen, war wie ein Ritterschlag.

War ... war ... war ... Leopoldine ist sehr für das Jetzt! Der köstliche Spargel im zarten Mantel. Der Himmel, der auf kühler schaltet und sagt, eine Viertelstunde noch, dann bitte hinein in die gute Stube, der Mai ist noch frostig. Am köstlichen, dampfenden Buffet, umlagert von Gästen mit Wasser im Mund, wissen die Stammgäste Kollroß ihre Freundin am Werk. Michaela Galler, die Tochter vom legendären Franz Mayer. Es wäre jetzt gar keine gute Idee, Michi zu einem Glas und für ein Foto an den Tisch zu bitten, sagt Leopoldine. Jetzt hat die nix als Fleischlabern und Schweinsbraten und Schinkenfleckerln und Spargel und solche Sachen im Kopf, und wehe, einer stört sie dabei.

Frau Michaela Galler ist auch das Patenkind von Herrn Kollroß, und der Göd von ihrem Sohn ist er auch noch geworden, so eng haben sich die Geschichten verflochten zwischen Gast und Wirt und wärmender Freundschaft, die auch am Tag immer hielt, was sie an heurigenseligen Abenden versprochen hatte. Noch näher sollen wir zusammenrücken? Ja, warum nicht, sagt Herr Kollroß zum Fotografen und geht auf Tuchfühlung mit seiner Leopoldine, in eleganter Zärtlichkeit. Sie leben ihre Liebe durch alle Zeiten eh so, dass längst kein Blatt Papier mehr zwischen ihre Gefühle passt. Viel junges Blut sitzt und lacht und küsst an den Tischen rundherum. Es ist so schön und so wichtig, den Augenblick zu genießen, sagt Kurt. Frische Blumen duften von der Fensterbank an den Tisch. Das Weinlaub im Garten ist neu ergrünt, man kann ihm jetzt bis in den Sommer beim Zuwachsen zuschauen, mit kleinen Glitzersteinen dazwischen – das sind die Sterne. Und wie behutsam sich der Mayer am Pfarrplatz erneuert hat. Der alte Original-Figl-Tisch, der so viel erzählen kann, wird grad restauriert. Patina aus alten Zeiten, Heurigencharme und Qualität von heute. Drei Stunden goldwarme Zeit haben Kurt und Leopoldines Leiber und Seelen wieder durchflutet. Um 22:11 Uhr geht der Bus. Bis am Samstag, Freunde! Das Leben ist schön, und wenn es einmal nicht so ist, muss man dem Leben erst recht etwas Schönes entgegensetzen.

EINE FRAGE DER BEGLEITUNG

Der Heurige definiert sich nicht nur durch typischen Wein und rustikale Schlichtheit. Der Heurige legt auch in kulinarischer Hinsicht ein durchwegs stringentes, stimmiges Bild vor.

Florian Holzer

Betritt man heute einen Wiener Heurigen, egal, ob in Mauer, Oberlaa, Grinzing, Heiligenstadt oder Stammersdorf, ähneln sich die Bilder durchwegs: In gelb beleuchteten Vitrinen schmoren Schweinsbraten, Geselchtes, Surbraten, Brathühner, Ripperln oder Surstelzen, mitunter ein formschöner Stefaniebraten oder ein geselchtes Züngerl einem üppigen Gelage entgegen. Und das ist noch gar nichts.

In den gekühlten Salatvitrinen gleich daneben türmen sich die diversen Aufstriche, Liptauer, der König aller Brotbeläge beim Heurigen, Grammelschmalz und Bratlfett, Eiaufstrich und Kräutertopfen, Schwarzwurzelsalat, Fisolen, Gurkensalat, hart gekochte Eier, Rollmöpse, sympathisch altmodisch wirkende kleine Konservendosen mit portugiesischen Ölsardellen, getrocknete Würste und Schinken, Presswurst, Käseblöcke und Batterien von archaischem Sauergemüse, Salzgurken, Senfgurken, mit Kraut gefüllte Paprika, Florentiner, Neapolitaner und Weinbeißer auf der süßen Seite …

So unüberschaubar dieser Schlaraffenkosmos auch wirken mag, so ähnlich ist dieses Angebot letztlich bei nahezu allen Heurigen Wiens. Es ist das typische Sortiment, evolutionär gewachsen, und auch wenn es immer noch um das eine oder andere Dutzend von Spezialitäten bereichert werden kann – fehlen darf von diesem Sortiment bei einem Heurigenbuffet, das auf sich hält, eigentlich nichts. Der Mayer am Pfarrplatz versucht hier mit dem Zeitgeist zu gehen und die Tradition mit moderner, leichter Kost à la carte wie Maishendlbrust vom Grill oder dem „Spargel-Erdbeertraum“ zu verknüpfen.

Dabei ist es noch gar nicht so lange her, da gab es beim Heurigen gar nichts zu essen. Da brachte man sich die „Jause“ selbst mit, nahm am Bankerl Platz und orderte den hauseigenen Wein und Sodawasser aus der Siphonflasche. Noch bis in die 70er-Jahre fanden sich am Ende der Straßenbahnlinien kleine Buffetstände und Feinkostgeschäfte: „Heurigen-Proviant“ stand auf denen zu lesen, und hier bekam man ungefähr das zu kaufen, was heute in jedem Heurigen zum selbstverständlichen und unverzichtbaren Angebot zählt, die salzigen, sauren und süßen Begleiter zum (damals meist eher resch gehaltenen) Glas Wein.

Es gab Hunderte dieser Proviantgeschäfte, und der Heurige war mehr oder weniger ein Picknickareal, auf dem der Konsum selbst mitgebrachter Speisen nicht nur erlaubt, sondern gang und gäbe war.

Noch früher wurde die Versorgung sogar durch fahrende Spezialitätenhändler, etwa den „Salamutschimann“, gewährleistet, die Salami und Hartkäse feilboten und ihre Kunden durch artistisches Geschick vergnügten, indem sie ihre Ware freihändig schneiden und auf einer Waage platzieren konnten. „Brezelbuam“ gingen mit langen Stangen mit frisch gebackenen Brezeln von Heurigem zu Heurigem; weit mussten sie damals freilich nicht gehen, denn in den Wiener Heurigenorten wurde in fast jedem Haus „ausgesteckt“, und die Weinschenken waren immer bestens besucht. „Bachereifrauen“ boten Süßgebäck

Und dann nehm ich noch … Beim Heurigenbuffet hat jeder seine eigenen Vorlieben, und im Zweifelsfall gilt: nur nicht zu wenig.

in großen Körben feil, und der „Mandolettimann“ hatte seine Tabletts mit kandierten Früchten und süßem Mandelgebäck dabei.

Diese Mandolettimänner gibt es übrigens auch heute noch. Sie sind gut organisiert, haben ihre Reviere untereinander aufgeteilt und sind zwar mit Turbodiesel-Lieferwagen unterwegs, müssen sich aber dennoch auf ihren sechsten Sinn verlassen, um zu erwittern, wann und wo gerade Bedarf an Spießen mit in Schokolade getunkten Erdbeeren herrscht...

Was es beim Heurigen zu essen gibt und geben darf, ist übrigens streng geregelt, war es immer schon. Schon das mittelalterliche „Leutgeb-Recht“ legte genau fest, was wann angeboten werden durfte, und auch die berühmte „Zirkularverordnung“ von Josef II. aus dem Jahr 1784 determinierte den Genuss – sie erlöste die Wiener Winzer endlich von der Willkür der Lehnsherren, denn nun durfte ein jeder „selbst erzeugten Wein oder Most ausschenken, und zwar in welchem Preise er will“: Angeboten werden durfte, was selbst und im Haus gemacht wurde, und das war damals gar nicht so wenig.

Das heutige Programm wird bestimmt von der Wiener Buschenschankverordnung aus dem Jahre 1976, zuletzt aktualisiert 2010. Unter § 10 liest man dort: „... Buschenschenkern ist ferner auch die Verabreichung von allen heimischen Wurst- und Käsesorten, Schinken und geräuchertem Fleisch, Speck, kaltem Fleisch und kaltem Geflügel, Sardinen, Sardellenringen und Rollmöpsen, Salaten, Essiggemüse, hart gekochten Eiern, Brotaufstrichen aller Art, Butter und Schmalz, Grammeln, Salzmandeln und Erdnüssen, Weingebäck wie Weinbeißern, Kartoffelrohscheiben und Salzgebäck, Brot und Gebäck sowie heimischem Obst und Gemüse unter Ausschluss aller warmen Speisen gestattet.“ Wie der Gesetzgeber gerade auf diese Liste kam, wird eines der letzten Geheimnisse bleiben, wobei die wenigsten der Wiener Heurigen heute noch unter diese strenge Regelung fallen, sondern längst eine Gastronomiekonzession besitzen und damit eigentlich anbieten können, was sie wollen – umso interessanter, dass man Surbraten, Schwarzwurzelsalat, Sardellenringerl und Liptauer dennoch nach wie vor die Treue hält und sich die flambierte Jakobsmuschel oder das Garnelencurry noch äußerst selten in die Wiener Heurigen verirrt hat.

Hat das Heurigenbuffet Zukunft? Na und ob! Denn nicht nur, dass all die vermeintlich schlichten Dinge, die beim Heurigen angeboten werden, dank ambitionierter Produzenten derzeit ja eine enorme Qualitätssteigerung erfahren, auch die Ideen der Heurigenwirte, um ihre immer besser werdenden Weine immer interessanter zu begleiten, werden mehr. Ja, das heißt, dass der Heurige vielleicht ein ganz klein bisschen seine frugale Urtümlichkeit einbüßt und vielleicht ein ganz klein bisschen an Gourmetaspekten dazugewinnt. Aber das wird er auch noch aushalten, der Heurige.

Der „Salamutschimann“, ein fahrender Spezialitätenhändler, der beim Heurigen Salami und Käse angeboten hat

Ursprünglich beschränkte sich das Speisenangebot eines Heurigen auf kalte Speisen. Warme „Klassiker" wie Schnitzel, Schweinsbraten, Blunze oder Ripperln haben mittlerweile längst eine ebensolche Tradition.

DIE FRAU MITZI WIRD KEINER WEINEN SEHEN

Ein ganzes Leben am Pfarrplatz. Frau Mitzi hat hier gute und schlechte Zeiten erlebt und dabei nie den Mut verloren.

Marga Swoboda

Ihre Hände liegen im Schoß, die Finger eingezogen, als müssten sie etwas tragen. Nimmermüd, sagte man früher. Berührend, wie die Hände in den kleingeblümten, altmodischen Stoff gebettet sind. Das können nur Menschen, die nie die Hände in den Schoß gelegt haben. Frau Mitzi war ihr Lebtag in den Weinbergen und bei den Weinbeißern.

Am frühen Morgen kommt Frau Mitzi in den Heurigengarten beim Mayer am Pfarrplatz. Adrette, blondierte Wasserwelle, das Kleid so fesch wie aus einer coolen Retro-Boutique. Sonnen-Schatten-Spiel zwischen Weinlaub und auf ihrem putzmunteren Frühaufstehergesicht. Ich bin so aufgeregt, sagt Frau Mitzi. Was hab ich denn zu erzählen? Was soll schon gewesen sein in meinem Leben? Die erste Geschichte erzählen die Augen. Sehr wenig Wehmut, ganz viel Bescheidenheit und ein Schalk, der nie verloren ging. Wie es halt so war, früher! Sagt Frau Mitzi. Im Südburgenland, in der widerspruchslos gelebten kargen Kindheit. Eine andere Kindheit kannte man ja nicht. Arbeiten, um zu leben, so früh wie möglich.

Und wie dann das junge Dirndl in die Wienerstadt vermittelt wurde. Zum Mayer am Pfarrplatz. Das große Wagenhaus nah der Kirche! Männer in Mänteln und mit Zylindern auf den Köpfen! Die Pracht einer Stadt, die mehr zu ahnen als zu sehen war. Die Unterkunft der Weinbergarbeiter. Wir waren sieben in einem Zimmer, mit einem kleinen Eisenofen und mit keinem Schlüssel im versperrten Raum, abends. Wir fanden unseren Weg zum Kirtag und zum Juchhe, so kaputt von der Arbeit im Weinberg konnte man gar nicht sein. Sowohl der Herr Mayer als auch die Polizei haben die Augen zugedrückt. Wir waren Lauser, aber fleißige Lauser. Mit mehr als achtzig Jahren fährt der Frau Mitzi auf der Stelle wieder die Jugend in die Knochen. War das fidel, auf dem Tanzboden beim Maurer Kirtag. Und dass nicht geküsst worden wär, kann auch keiner sagen. Eine Hand in ihrem Schoß macht sich selbstständig mit Bewegungen, als würde die Musik spielen. Manchmal sagte der alte Mayer ja doch: Da Mitzi, hast an Schlüssel.

Im Album hat Frau Mitzi ihr Zeugnis bewahrt, ein Dokument der Tüchtigkeit aus den Fünfzigerjahren, und 1962, wie dann der ganz alte Herr Mayer an den nächsten Mayer übergab, wurde ich nahtlos übernommen, ja. Das hat einen schon gefreut. Es war alles Handarbeit im Weingarten. Kein Traktor. Wenn ein Wolkenbruch die Erde davongeschwemmt hatte – Erde wieder hinauftragen in Bütten. Die Reben mit Akkordfingern einstricken, damit überall Sonne hinkommt. Damals war ja auch die Stockkultur in den Weinbergen, wissen Sie? Also alles aufbandeln, ja? Normal waren 54 Stunden Arbeit, und dann musste man noch die Samstage und Sonntage dazurechnen.

Wir hatten alle Kopftücher an. Gegen die Hitze, gegen alles. Der Chef war ein guter Chef. Manchmal hat er gesagt: Geht zu Mittag in „Die Eiserne Hand". Dort ist ein Bier für euch bezahlt. Die Gewitter. Die Hagelattacken auf die Rebstöcke. Die Schlangen! Hören S' mir auf mit den Schlangen! Man hat denen die Köpfe abgeschlagen, und am nächsten Tag haben die immer noch gelebt. Es wurde dann alles viel moderner. Und größer. Das ergab zwangsläufig Generationskonflikte wie in jeder (Heurigen-) Dynastie, aber das hat die Frau Mitzi nicht tangiert.

Die Frau Mitzi auf der „Beethoven-Stiege" im Hof des Mayer am Pfarrplatz

Mitzi (rechts sitzend) bei der Mayer'schen Weinlese in den 50er-Jahren.
Selbst hat sie Wein nie angerührt.

Die Familie Mayer war meine Familie. Meine Arbeit hat sich mit den Jahren und Jahrzehnten vom Weinberg in die Wirtschaft verlagert. Dahin, wo wir jetzt sitzen. Schön is hier, ja? Erntedank hoch auf dem Blumenwagen, die Frau Mitzi hat alles gebunden wie zu einem Gemälde. Mit der großen „Schwarzen Katz" wie einem Adelswappen. Die Schwarze Katz war ja das Hauszeichen, haben Sie das gar nicht gewusst? Jeder Heurige hatte so ein Hauszeichen. So rare, aber herrliche Festtage.

Dann hat die Mitzi aber schon gezeigt, was für eine Schönheit das ganze Jahr unter dem Kopftuch verborgen ist. Und wie ihre Haxen und ihr Herz tanzen können. Das Leben erwacht beim Mayer am Pfarrplatz wie jeden Vormittag, während Frau Mitzi so erzählt. Man fährt mit den Flaschenkarren herum, poliert die Tische und rüstet sich für einen Sommerabend, der so reibungslos funktionieren soll wie alle seligen Sommerabende. Servus, Mitzi! Grüß Gott, Frau Riedl! Frau Mitzi schäkert und palavert ein wenig, aber sie hat dabei die Arbeit scharf im Auge. Als ob sie gleich aufspringen und mithelfen möcht'. Ist ja immer genug zu tun. Wenn kein Weinbergwetter war, haben wir Flaschen gewaschen und Korken in die Flaschen gedrückt, von Hand, das war schon … Eine Hand im Schoß von Frau Mitzi zuckt, sie öffnet unwillkürlich die Hand, als würde sie nachschauen, ob sie von gestern noch Schwielen und Blasen hat. Die Frau Mitzi war dann viele, viele Jahre die Instanz an der Schank. Kannst dir vorstellen, da bist nicht einmal dazugekommen, dir den Schweiß von der Stirn zu wischen, wenn alle alles zugleich wollten. Wie viele Vierteln waren das denn so pro Stunde? Das weiß ich aber wirklich nicht. Keine Ahnung, sagt Frau Mitzi. Schmale Lippen, als würde sie mit einem Steuerprüfer reden, der die Fünfzigerjahre noch einmal aufrollen möcht'. Es war eine solche Wertschätzung der Arbeit, das muss ich schon sagen, sagt Frau Mitzi. Ein Chef war mehr als ein Chef, und für den Chef wäre man durchs Feuer gegangen. Auch umgekehrt. Eigene Kinder, also das ist sich nie ausgegangen. Familie hatte ich eh. Die Familie Mayer am Pfarrplatz.

Für das Erntedankfest, wenn es um den schönsten Blumenwagen geht, oder einfach, wenn es brennt: Die Frau Mitzi war immer parat. Und wenn sie nur wie an diesem flirrend schönen Sommermorgen bei einem Glas Wasser zum Reden im Heurigengarten sitzt: Sie trägt eine kostbare, harte und auch schöne Zeit herein. Eine goldene sogar, sagt Frau Mitzi in ganz plötzlichem Überschwang. Wenn ich an all die Herrschaften denk, die hier schon … Der Figl, die Fabrikanten, die Filmleute! Und, wissen S' eh, Frau Mitzi, wer gestern da war? Der Schwarzenegger, tatsächlich der Arnold Schwarzenegger, ruft ihr der Mann an den Flaschen zu, selbstverständlich, ohne in der Arbeit innezuhalten. Tät' er sich nicht trauen, wenn die Frau Mitzi … mit ihren Adleraugen … und ihrem tiefen, strengen Verständnis von der Unermüdlichkeit …

Im Winzerparadies gelebt, selber aber den Wein immer stehen gelassen. Arbeiten für den Wein und dann selber trinken – das geht gar nicht. Das hat schon so viel angerichtet, das tät' einen zugrunde richten. Sie wüsste genug Namen und Schicksale zum Thema. Sie sollen alle in Frieden ruhen, die armen Teufel, die die goldenen Regeln nicht verstanden haben. Frau Mitzi hat es auch nie mögen, wenn man sich zu früh über etwas freut. Ein Frühling, der einen guten Jahrgang verspricht, ein Sommer, der die Reben vergoldet – da gibt es nichts zu feiern. Solang der Wein nicht im Fass ist – nix da. Weisheit einer Arbeiterin in den Weinbergen, gültig für alles Leben und Streben. Kapieren das die Menschen heute noch, fragt Frau Mitzi. Wenn aber einmal ein besonderer Tag ist, dann, sagt sie fast singend, dann tät' ich gern mit einem Glas vom Alsegger Riesling anstoßen. Frau Mitzi, ich glaube, das sollten wir bald einmal tun … Sie geht fröhlich davon, sie hat noch zu tun, die Tage sind streng eingeteilt wie früher. Servus, Frau Mitzi! Danke!

Am Abend ruft sie noch einmal an. Ihre Stimme ist fest, aber von Melancholie unterlegt. Wissen Sie, durch das Reden ist mir jetzt noch so viel in den Sinn gekommen … Es war, wie es war, das Leben. Aber hart, sehr hart, war es schon auch. Aber die Frau Mitzi, die wird nie einer weinen sehen.

EIN GLÄSCHEN MIT DEM PFARRER

Gemischter Satz. Oder: Gott wohnt gleich neben dem Wirtshaus.

Marga Swoboda

Wir sind ins Grab hinabgestiegen. Niedrig die Decke, eher warm als gespenstisch das Licht. Der Pfarrer bekreuzigt sich und zündet drei Kerzen an. Die scheinbare Unordnung der Steine nimmt Kontur an. Es ist das Grab des heiligen Severin. Severin war ein Reisender und ein Prophet der Liebe, der Barmherzigkeit und der Demut. Legenden berichten von Wundern über seinen Tod hinaus. Todkranke, die sich unter den Wagen mit seinem Leichnam schleppten, wurden wieder gesund.

Der heilige Severin sagte, dass man nicht nur mit der Kreditkarte geben soll. Man solle sich selber geben. Man solle gegen die Armut kämpfen. Er sagte nicht, woher er kam. Ferne Welten und Länder kannte er. Er sagte nur, wohin er geht. Zuerst zu den bedürftigen Menschen und dann zu Gott. Das war am 8. Jänner 482, als Severin zu Gott ging. Er habe seinen Todestag vorausgesagt und dramatische historische Entwicklungen. Resolut und unerschrocken im Umgang mit den Herrschenden sei er gewesen. Das Charisma einer großen menschlichen Autorität. Sechs Jahre nach seiner Beisetzung soll der Körper noch unversehrt erhalten gewesen sein. Duftend, ohne Balsamierung. Die Gebeine des heiligen Severin wurden über die Jahrhunderte oft übersiedelt und auch aufgeteilt auf heilige Orte. Menschen, auch Kirchenfürsten, wollen Materie. Was vom heiligen Severin übrig blieb, braucht aber eigentlich keinen Ort. Sein Glaube, seine Kraft, seine Gedanken und seine Autorität wären heute ein edles Motto von der Wall Street bis Wien. Aber wer hört noch auf so was. Heilige! Man darf sich nicht fürchten da unten in dieser Grabkammer. Die Zeit, die Steine, die Kraft. Eine Enge und Schönheit und Dunkelheit, in der Gedanken an die ewige Ruhe und die eigene Vergänglichkeit nicht erspart bleiben. Wo ist das Licht? Der heilige Severin ist übrigens auch der Patron der Leinenweber, der Gefangenen und der Winzer. Heiligenstadt, ein guter, schöner Platz für den heiligen Severin. Aus der Düsternis des Grabes hinauf ans Licht.

Pfarrer Michael, der so viel um die Dinge des Todes weiß, ist dem Leben äußerst zugewandt. Es ist eine Art zweites Leben, das er jetzt führt. Spätberufener Priester nach seiner Weltlichkeit als Goldschmied und Ehemann. Zur Christmette oder zur österlichen Auferstehungsfeier kann es vorkommen, dass die erwachsene Tochter ministriert. Gott wird nichts dagegen haben. Wir gehen über den aus der Zeit gefallenen Pfarrhof. Pflastersteine wie in einem sorgfältig gedrehten Historienfilm. Unverletzt schön scheint dieses Ensemble, zusammengewachsen aus neugotischer Staffelkirche und barockem Gottesjubel, die Türkenbelagerungen und die Zeit haben nichts töten können. Zeit ist nie ein Mörder, Zeit lässt Wunden schön verwachsen. So eine Einmaligkeit, vielleicht das schönste Pfarrzentrum von ganz Wien.

Es gefällt auch den heutigen Künstlern aus der Werbung, und Pfarrer Michael sagte „Warum nicht?“, als ein winterromantischer Fernsehspot für Kosmetik gedreht werden sollte. Das Geld können wir ja brauchen, sagte er. Es ist genug Not rundherum! Weiß Gott, es wäre dem heiligen Severin recht gewesen. Ich darf das Taufbuch aus dem Jahre 1695

Pfarrer Michael Hofians am Abgang zum Severin-Grab in der St.-Jakobs-Kirche am Pfarrplatz

Gedenktafel für den Widerstandskämpfer Roman Karl Scholz (1912–1944) in der Pfarre Heiligenstadt mit einem seiner letzten Briefe aus dem Gefängnis

berühren. Über die Namen der Kinder streichen, die in dieser dörflichen Welt geboren wurden. Wie frisch geschrieben, mit schwarzer Tinte aus einer filigranen Feder, liest sich das Leben. Als könnte man die glücklichen Mütter hören, die in ihren Kindern nichts als Zukunft sehen wollten, wie heute. Alle tot, tot, tot. Und wir dann einmal …

Des Pfarrers jüdischer Freund ist auf ein Glas Sturm vorbeigekommen, Weltreligionen in klugem, ätzendem Palaver vereint. Früher waren sie Nachbarn. Heute geben sie einander Stoff in der Philosophie, in der Lebensklugheit und in der Weinkennerei. Mit mir kann der Michael alles machen, sagt der jüdische Freund. Nur umdrehen kann er mich nicht. So reden Menschen miteinander, die ihre Glaubensfragen im Griff haben. Dass ich nicht vergess', von Rupert zu erzählen, dem kongenialen Diakon des Pfarrers. Nichts Menschliches gibt es, das ihm fremd ist, er hat viele Jahre an einer Hauptschule unterrichtet. Heavy bis zum Herzkasperl. Seine kleine psychotherapeutische Ausbildung hilft ihm noch immer, die Dinge, bei denen der Glaube heilen kann, von jenen zu unterscheiden, für die der Mensch unbedingt einen Arzt braucht. Und welchen Mut es brauchte und welche Kraft, dem Wahn der Hitlerzeit zu trotzen.

Der Augustiner-Chorherr Roman Karl Scholz aus jenem Stift Klosterneuburg, dem die Pfarre Heiligenstadt einverleibt ist. Er war Widerstandskämpfer, dem das Nazi-Mördertum nach anfänglicher Zuwendung dann beim Nürnberger Reichsparteitag 1936 radikal bewusst wurde. Seiner Wiener Widerstandsgruppe gehörten auch Burgschauspieler an. Einer von ihnen, der Spitzel Otto Hartmann, lieferte den Priester ans Messer der Gestapo. Die letzten Worte des Priesters am 10. Mai 1944: „Für Christus und Österreich." 32 Jahre alt. Schafott. Niemals vergessen.

Und was ein ganz kleiner Eintrag aus den Kirchenbüchern über die finsterste Zeit erzählt: Dienstzeugnis für Fräulein Johanna Hosch. Eine Seele von einer emsigen Wohltäterin und Kraft in der Pfarre. Leider muss man sich von ihr trennen, weil man aufgrund der „geänderten“ (politischen) Verhältnisse nicht mehr für das soziale Gewissen zuständig ist. Gehen Sie mit Gott, Fräulein Hosch! Schicksal unbekannt. Ob Not beten lehrt, frage ich den Pfarrer und seinen Diakon. Schon, ja, eh. Wie viel Elend und Tränen dieser Ort wohl schon geschluckt hat? Die Frömmigkeit steigt dann aber auch gerne mit der Nähe zum organischen Ablaufdatum.

Einmal kam ein Mann zum Pfarrer mit einem Totenschädel in der Tasche. Das klingt sehr makaber, Pfarrer Michael! Nun: Der Mann wollte beichten. Dass er einmal als Bursch einen Blödsinn gemacht hat. Einen Schädel gestohlen aus dem Beinhaus der Nachbarskirche. Mutprobe unter jungen Mondkälbern. Jetzt, hoch in den Achtzigern, dachte der Mann, dass das Gott nicht gefallen haben könnte. Beichte, Buße, Verzeihen.

Wie es sich immer gehörte, wohnt Gott gleich neben dem Wirtshaus. Der Mayer am Pfarrplatz, Heurigen-Tradition über Kriege und Generationen hinweg, aber das ist dann noch eine andere Geschichte. Dort nehmen wir jetzt ein Glas vom Wiener Gemischten Satz, und ich werde aufpassen, dass es nicht zu viele werden. Tät' mich schön schämen vor dem Pfarrer. Gott und die Welt gehören jedenfalls sehr zusammen, sagt Pfarrer Michael. Nachgeschaut im Lebensbuch: 70 Hochzeiten, 15 Segnungen für Paare der anderen oder der geschiedenen Art, 80 Begräbnisse, noch mehr Taufen. Der älteste Täufling war 72. Links oder rechts? Man fragt ja interessanterweise den Pfarrer immer auch, wo gut zu speisen und feiern und tanzen wäre bei Familienangelegenheiten. Ich bin doch kein Catering-Mann, sagt der Mann Gottes. Aber ich sage dann halt, sie sollen beim Pfarrwirt (rechts) oder beim Heurigen Mayer am Pfarrplatz (links) fragen. Der Mensch braucht das: Feste, als gäbe es kein Morgen. Tage, die mit dem Himmel versöhnen.

So einen Tag habe ich einmal als Zaungast erlebt. Niki Lauda und seine Frau Birgit ließen ihre Zwillinge taufen. Zwei Engel in Weiß, zwei Jahre alt. Der Niki ist ja auch so einer, der eher spät zur Kirche gefunden hat. Sicher ist sicher, was weiß man. Vor dem Altar der Niki in seiner ungewohnt väterlichen Demut, ohne Kappl. Musik aus einem Kassettenrekorder und Kinder, die heftig dagegen anplärrten. Dann flogen die heliumgefüllten Herzen zum Himmel, ein Sommerlicht wie auf die Stopptaste Ewigkeit gedrückt. Ein Ballonherz verfing sich in der Kirchturmspitze, und drüben, im Garten und in den Stuben beim Pfarrwirt, sah ich die schönste Kinderfestdeko meines Lebens. Himmlisches Catering, was?

Der Pfarrer hat es sich anders überlegt. Wir trinken doch noch ein Glas Wein. Aber echt das letzte. Das sei jetzt keine Sünde. Eine Sünde wäre es eher, nicht dankbar, nicht glücklich und nicht geduldig und nicht hilfsbereit zu anderen Menschen zu sein. Heiliger Severin! Menschen aus aller Welt suchen punktgenau den Pfarrplatz in Wien Heiligenstadt. Viele von ihnen haben vorher in einem sehr speziellen Reiseführer geblättert. Darin steht: Läuten bei Haus in der Mitte. Dort kommt Mann mit grauem Bart heraus. Weiß alles über Beethoven. Kennt Fenster, wo Beethoven die „Eroica“ komponiert hat.

Es ist Pfarrer Michael, der Geduldige und Grundgütige. Aber manchmal, bevor ihm der Kragen platzt mitten im Predigtschreiben, schickt er Rupert, den Diakon. Der hat ebenfalls einen grauen Bart. Und sehr gute Nerven für die Anliegen japanischer Touristen hat er außerdem.

Der Abendhimmel wölbt sich über den Pfarrplatz wie eine eigene Privatkuppel. Das große Tor zum Wirtshaus steht weit offen. Noch immer oder schon wieder eine Hochzeit? Im Torbogen steht der Mâitre de Plaisir, Rainer Husar, der Mann für die irdischen Annehmlichkeiten und, wenn es sein muss, auch fürs Grobe. Luft und Sterne schnappen, bevor die Torte aufzutragen ist. Und dann wird sicher noch abgetanzt, bis die frischen Verliebungen im Morgengrauen endlich geklärt sind und durchgeführt werden können. Gute Nacht, Pfarrer Michael. Schön, wie Gott und die Welt beisammenwohnen.

EINST & JETZT

Die Zeit verändert vieles, nur der Mayer am Pfarrplatz bleibt in seiner Substanz gleich. Es ist schon sehr bemerkenswert, wie alte Postkarten dokumentieren, dass sich das Gebäudeensemble über die Jahrhunderte so wohltuend geringfügig verändert hat. Es tut gut, wenn die Zeit in mancherlei Hinsicht stehen bleibt.

Wien:
Beethoven-
Haus in
Heiligenstadt
F. Lofner
Wr. 63

Wien,
Eroikagasse,
Beethovenhaus

46020
WIEN, Eroikagasse, Beethovenhaus

Wien,
Beethoven-Haus
Marie Arnsburg
pinx.

Wien
Beethoven-H

Franz Mayer's Kaffee Restauration
zur schönen Aussicht

DER PFARRWIRT

WIRTSHAUS SEIT DEM 12. JAHRHUNDERT

Die Geschichte des Hauses reicht zurück bis ins 12. Jahrhundert. 1180 als Berghof auf römischen Mauern neu erbaut, gilt der Pfarrwirt bauhistorisch als eines der wertvollsten Gebäude in Wien. Im 17. Jahrhundert wurde der einstöckige Bau barockisiert. Die Familie Mayer führte in späteren Zeiten den Gasthof in Kombination mit einer Landwirtschaft.

DIE VERANDA

Die wunderbar restaurierte Holzveranda des Pfarrwirts wurde 1872 erbaut und 1904 auf ihre heutige Größe erweitert. Die großzügige Fensterfront schafft herrliche Tageslichtatmosphäre und ermöglicht zugleich einen Blick in die rundum befindliche Natur.

DER GARTEN

Kühlender Kiesboden, angenehm hohe, Schatten spendende Bäume. Der großzügig dimensionierte Pfarrwirt-Garten ist im Sommer eine kühle Oase am Rand der heißen Großstadt.

DAS TEAM VON MAYER AM PFARRPLATZ UND PFARRWIRT

Täglich für die Gäste im Wirtshaus und beim Heurigen im Einsatz

PRÄLATENSAAL

Probst Ernest Perger ließ 1711 den Prälatensaal erneuern und mit hochwertigen Stuckaturen sowie einem ovalen Deckenbild schmücken. Heute wird der Raum gerne für private Feiern genützt.

ECCE DABANT

Das ovale Deckengemälde im Prälatensaal zeigt das Gleichnis vom Zinsgroschen aus dem Neuen Testament: „Siehe, sie gaben Gott, was Gottes ist.“ Die roten Buchstaben der Inschrift ergeben als Summe das Entstehungsjahr des Freskos – 1711.

DER HISTORISCHE EINGANG ZUM PFARRWIRT

Durch den behutsamen Umbau 2007 sind im Pfarrwirt heute noch viele historische Spuren aus den neun Jahrhunderten seines Bestehens zu finden. Die im Eingangsbereich befindlichen Rötelzeichnungen stammen aus dem 15. Jahrhundert und gelten in dieser Qualität als einzigartig in Wien. Links im Vordergrund: eine Skulptur von Tone Fink.

BEIM PFARRWIRT, SONNTAGS

An einem Ort, an dem die Stadt Pause macht.
Und doch ganz sie selbst ist.

Christian Seiler

Am Sonntag ist alles ein bisschen anders. Am Sonntag liegen die weißen Tischtücher bereits zu Mittag auf den Tischen, und die Veranda des Pfarrwirts nimmt sozusagen Haltung an. Auf dem Pfarrplatz draußen defilieren die Spaziergänger über das Kopfsteinpflaster. Manche, oft in Begleitung ihrer Hunde, schlagen den Weg in Richtung Weinberge ein, vorbei am Beethovenhaus, Eroicagasse, Zielrichtung Nussberg. Manche steuern traditionell die Kirche von St. Jakob an, Sonntagsmesse. Manche schütteln sich beim Morgensport die Müdigkeit aus den Knochen, die einem langen Samstagabend schon einmal folgen kann.

Zu dieser Zeit wird in der Küche des Pfarrwirts schon langsam der Sonntagsbraten in den Ofen geschoben. Das Vormittagslicht flutet die Veranda, arbeitet die Scharten und Kerben deutlich heraus, die sich der historische Fußboden an unzähligen Abenden eingehandelt hat, und findet einen geometrischen Frieden vor, wie er im Zuschauerraum eines Theaters kurz vor der Vorstellung herrscht. Die klaren Linien der weiß gedeckten Tische. Die strengen Segmente der Holzfenster auf der Veranda. Die aus Messing geschmiedeten Galgen der Lampen, die über den jeweiligen Tischlandschaften in Formation geschwenkt werden. Noch ist der Raum leer, aber man kann spüren, dass das nicht mehr lange so bleiben wird.

Der Pfarrwirt hat täglich Premiere. Unter der Woche wird das Stück „Dorfwirtshaus" gegeben, weil der Pfarrplatz in Heiligenstadt so etwas wie das Zentrum eines kleinen Dorfes ist, das zufällig in der großen Stadt liegt, wo man jederzeit vorbeikommen kann, sich ein rotes Zwickl bestellt und am mittags noch ungedeckten Tisch vielleicht einen Imbiss nimmt, sagen wir ein Gulasch, vielleicht aber auch gegenüber der Schank stehen bleibt, um die Gedanken schweifen zu lassen oder das Tafelbild von Daniel Spoerri zu mustern, das praktischerweise auf der ganzen Länge des Schankraums unter der Decke montiert ist. Das Tafelbild legt Zeugnis ab von einem heiteren Abend, man kann Fischgräten sehen, Nussschalen, viele leere Flaschen und Gläser, hingegen volle Aschenbecher.

Die Tatsache, dass ein schweres Kruzifix aus Bronze auf der Tischplatte liegt, die Spoerri fixiert und an die Wand gehängt hat, lässt darauf schließen, dass auch der Herr Pfarrer von nebenan an der Gesellschaft teilgenommen hat – oder auch nicht. Die Gedanken sind frei, und dass sie schweifen können, dafür ist dieser Schankraum schließlich da.

Vielleicht springt dem Besucher ja auch die glatt polierte, wenn auch nicht ganz faltenfreie Oberfläche des Kühlschranks ins Auge, der die Ankömmlinge frontal empfängt. Ein Prachtstück. Dieser Kühlschrank – oder sagen wir besser seine Oberfläche – stammt aus einer Zeit, als der Bierkutscher noch große Eisblöcke lieferte, die das Innere eines Kühlschranks auf Betriebstemperatur brachten. Besagter Kühlschrank war ein Fundstück, als hier im Jahr 2007 über die Neueröffnung der Gastwirtschaft nachgedacht wurde. Und als bei der Inventur alles Vorhandenen, alles Fehlenden und alles Erträumten plötzlich der voluminöse, abgerockte Kühlschrank ins Auge sprang, war allen Träumern und Aufräumern klar, den müssen wir behalten, auch wenn er vielleicht ein bisschen Pflege braucht.

Damit ist der Kühlschrank, hinter dessen liebevoll gepflegter historischer Fassade heute ein gutes Stück zeitgemäßer, moderner Funktionalität versteckt ist, eine gute Metapher dafür, wie sich der Pfarrwirt selbst verändert hat. Die Geschichte des Hauses lässt sich ja nicht mit dem Zentimetermaß messen, man braucht dafür historisches Senkblei. Erstes Zeugnis eines Gebäudes an der heutigen Adresse Pfarrplatz 5 ist das Dokument aus dem Jahr 1180, das den Bau des so genannten „Berghofs" in unmittelbarer Nachbarschaft der St.-Jakobs-Kirche bezeugt. Die Kirche steht ihrerseits auf römischen Fundamenten, was den Stadtarchäologen ein reiches Betätigungsfeld überantwortet und in Folge ziemlich genaue Aufschlüsse darüber geliefert hat, aus welchem Kern sich der heutige Pfarrwirt Schicht für Schicht entwickelt hat.

Einige der Steinportale und -fenster, die im 14. Jahrhundert errichtet wurden, sind von der Schank aus mit freiem Auge zu sehen. Wer ohne Eile und mit der Gelassenheit dessen, der sich mit einem Seidel Bier und sich selbst die Zeit vertreibt, die Zeichnungen betrachtet, die im Vorraum zur Schank mit rötlichen Strichen an die Wand geworfen wurden, sieht in Wien einzigartige Rötelzeichnungen aus dem 15. Jahrhundert. Diese kamen, wie einige andere Preziosen, beim sanften, aber konsequenten Umbau des Hauses zum Vorschein und verströmen heute ihr kindlich-historisches Charisma, dem man schutzlos, also lächelnd ausgeliefert ist.

Der „Berghof" wurde im 17. Jahrhundert zu einem Barockhaus umgebaut. Davon legt der Prälatensaal, der größte Raum im ehemaligen Berghof, ein prächtiges Zeugnis ab. Am Plafond des Raums befindet sich inmitten verspielter Stuckaturen ein unversehrtes, ovales Deckenbild, das den Pfarrplatz mit der Kirche St. Jakob zeigt, wo gerade die Abgabe des Zinsgroschens an einen Gottesmann vollzogen wird. Datiert: 1711. Selbst der Name des Propstes, dem der „Pfarrhof" den Deckenschmuck verdankt, ist überliefert. Es handelt sich um Ernest Perger, an den zuweilen erinnert wird, wenn in besagtem Raum – Privileg des bevorzugten Standorts – Trauungen stattfinden. „Siehe", sagt die lateinische Inschrift vieldeutig, „sie gaben Gott, was Gottes ist."

Die Zeichen des sakralen Ursprungs des Hauses sind nicht zu übersehen. Kreuze, Podeste, klandestine Durchblicke. Hier wurden Feiern begangen, hier gingen Menschen ein und aus, die essen, trinken, einander treffen wollten. Im Jahr 1872 wurde das Gasthaus um eine mächtige Holzveranda erweitert, die den Gästen die Pflege der Wiener Kaffeehauskultur erleichtern sollte, was konkret hieß, dass man hier sitzen, die Gedanken schweifen lassen, eine Melange schlürfen und die Aussicht hinunter auf die nahe Donau genießen sollte.

Dass die Restauration am Pfarrplatz 5 den Namen „Zur schönen Aussicht" trug, war der erhöhten Lage und dem bevorzugten Blick auf die Stadt geschuldet – eine Aussicht, die mit der Eingemeindung des Pfarrplatzes in den Stadtverbund etwas eingeschränkt, aber dank der Bemühungen der Hochhausfabrikanten in Transdanubien auf moderne Weise neu definiert wurde. Soll heißen: Beim roten Zwickel, das man neben dem prächtigen, grünen Kachelofen einnimmt, kann man den Fensterputzern am DC-Tower bei der Arbeit zuschauen, wenigstens wenn sie vom 20. Stock aufwärts beschäftigt sind.

Das macht auch die ganz besondere Stimmung beim Pfarrwirt aus. Die Stadt ist noch zu spüren. Aber sie drängt sich nicht auf. Sie ist dort unten. Hier oben ist der Frieden, eine Art „Leo" vom Alltag, ein Zufluchtsort, auch wenn die Flucht nur für die Dauer einer kleinen Mahlzeit oder eines zweiten Glases Bier gelingen sollte. Möglicherweise lässt man sich vom Oberkellner auch überreden, ein Glas Gemischten Satz zu bestellen, dann rückt die Stadt vielleicht noch ein Stückchen weiter weg und die Gedanken kriegen noch ein bisschen zusätzlichen Luftraum.

Das Wirtshaus „Zur schönen Aussicht“ hatte seine Zeit. Wiens erster Fußballklub, die „Vienna“, hielt 1894 ihre Gründungsversammlung hier ab. Die „Aussicht“ war ein beliebtes Ausflugslokal, irgendwann nicht mehr ganz so beliebt, und in den frühen Nullerjahren wurde der Parteienverkehr eingestellt. Der Neubeginn des Restaurants als „Pfarrwirt“ bedurfte also eines grundsätzlichen Willens- und Kraftaktes, um zuerst die Substanz des Hauses zu sichern und dann in einer Weise für die Zukunft tragfähig zu machen, die der Vergangenheit gerecht wurde, aber die Gegenwart nicht ausschloss. Leistungsfähige Lüftung, moderne Küchentechnik, zeitgemäße Verkabelung, und das alles unter strengen Denkmalschutzauflagen und dem grundlegenden Bedürfnis des neuen Inhabers, dem besonderen Ort angemessen und respektvoll zu begegnen. Wer zu seinem Glas Wiener Gemischten Satz gerne ein bisschen plaudern möchte, kann Rainer Husar, den gastgebenden Pfarrwirt, nach Anekdoten aus der Renovierungszeit im Jahr 2007 fragen. Er wird auf jeden Fall noch ein zweites Glas brauchen.

So schnell kann es in Heiligenstadt nämlich gar nicht finster werden, dass nicht ein paar interessante Geschichten über die Buddel wachsen. Man sieht die freundlichen Gesichter der Mitarbeiter und die selbstverständliche Eleganz und Schlichtheit der Einrichtung etwas anders, wenn man weiß, was sich dahinter versteckt. (Schauen Sie sich zum Beispiel die Stehlampen im Prälatensaal etwas genauer an, dann sehen Sie, dass sie nicht nur raffiniert die Stuckaturen an der Decke beleuchten, sondern auch für den Sound im Saal sorgen: Die Kabel, die sonst kompliziert ins Innere der Mauer verlegt werden müssten, führen auf kreative Weise in die eierlegenden Wollschweinstehlampen.)

Am Sonntag füllt sich die Gaststube eruptiv. Wenn um halb zwölf noch das Singen der Vögel draußen im Garten zu hören ist, singen eine Stunde später maximal die Kinder der Mittagsfamilien, weil ihnen ihr Schnitzel so gut geschmeckt hat und sie jetzt gern ein bisschen in den Garten hinaus möchten. Die Speisen sind grundwienerisch, aber mit Sorgfalt zubereitet. Die Herkunft der Grundprodukte ist auf der Karte verzeichnet, auf der sich auch der Überblick über die hauseigene Weinauswahl befindet, falls man sich, siehe oben, ein wenig verplaudern möchte.

Auf der Sonntagskarte steht separat, was für einen Braten Küchenchef Alois Schanner heute in den Ofen geschoben hat – es kann der Schopfbraten eines jungen Schweins sein oder ein Kalbstafelspitz –, und ob noch etwas davon übrig ist. Sonst weist der mit Kugelschreiber durchgestrichene Braten darauf hin, dass man am nächsten Sonntag vielleicht etwas früher kommen sollte. Dafür macht die Nachspeise gerade die Runde. Es ist eine Cremeschnitte, die von der Nachspeisenkellnerin von Tisch zu Tisch getragen wird. Noch ein bisschen Platz, gnädige Frau, Lust auf etwas Süßes, der Herr? Wann soll man so eine frische hausgemachte Cremeschnitte auch essen, wenn nicht jetzt, wenn die Woche noch nicht aus ist und noch nicht angefangen hat, und an einem Platz, wo die Stadt Pause macht und doch ganz sie selbst ist?

Ansichtssache: Auch nach einigen Rundgängen erschließen sich im Pfarrwirt immer wieder neue architektonische Eindrücke.

DANIEL SPOERRIS WELTBERÜHMTE „EAT ART“ IM PFARRWIRT

Daniel Spoerri kreierte das Fallenbild gegenüber der Pfarrwirt-Schank im Jahr 2008. Spoerri sieht den abgegessenen Tisch einer illustren Runde als Sinnbild sinnlicher, vitaler, vergänglicher Momente und damit ein vom Leben selbst produziertes Memento mori.

Linke Seite: Viktor Lederer „Knabenbildnis“, rechte Seite oben: Heinrich Reisenbauer „Flaschen“,
unten: Hans Unger „Porträt der Frau des Künstlers“

KUNST IM PFARRWIRT

Arbeiten von Ida Buchmann: „Wanderbursche“, 1989 (links), „3 Mäderl Haus“, undatiert (rechts)

KUNST IM PFARRWIRT

Linke Seite oben: Walter Honeder „Alpenblick“ (Paar in Landschaft), 1939, unten: Arnulf Neuwirth „Segen des Meeres“,
rechte Seite: Fritz Riedl „Bildnis Joana Thul“, 1958

PLATZ FÜR VIELE GELEGENHEITEN

Sowohl der prunkvolle Prälatensaal als auch der detailverliebt restaurierte Gewölbekeller sind ein grandioser Rahmen für private Gesellschaften und Events aller Art – von Hochzeiten über Geburtstage und Sponsionen bis zu Theateraufführungen.

GESCHICHTE

HEILIGENSTADT

Heiligenstadt ist ein uraltes Siedlungsgebiet, in dem bereits die Römer ihre Spuren hinterlassen haben. Im Bereich Heiligenstädter Straße-Pokornygasse-Bauernfeldgasse wurden Mauerreste gefunden, die einen Wehrturm des Limes belegen. Daneben fand man bei Ausgrabungen nahe der Jakobskirche einen römischen Friedhof und ein Awarengrab aus dem 6. Jahrhundert. Die Franken begannen schließlich um 900 mit der Besiedelung von Heiligenstadt. Der Ortskern gruppierte sich ursprünglich um den heutigen Pfarrplatz mit der ältesten Kirche dieses Gebietes. Der Name Heiligenstadt leitet sich vermutlich davon ab, dass in diesem Gebiet bereits in heidnischer Zeit ein heiliger Ort lag. Erstmals erwähnt wurde der Ort 1120 jedoch als St. Michael. Der Erzengel Michael wird auch im Wappen dargestellt. Ende des 12. Jahrhunderts taucht der Zusatz „Sanctus Locus" („heiliger Ort") in den Urkunden auf. Letztlich ist jedoch ungeklärt, worauf sich die bezeichnete heilige Stätte bezieht. Die These, dass der heilige Severin von Noricum hier gelebt hat, wurde mittlerweile widerlegt.

Römische Goldmünze mit Tiberius

TIBERIUS
Kaiser von 14 bis 37 n. Chr.

Die römischen Legionen eroberten von 12 bis 9 v. Chr. unter seiner Führung das Land an der Donau. Während der Regierungszeit Tiberius' begann der Ausbau der damals wirtschaftlich bedeutenden Bernsteinstraße, die nach ihrer Fertigstellung über Carnuntum nach Italien führte.

CLAUDIUS
Kaiser von 41 bis 54 n. Chr.

Unter Kaiser Claudius wurde Illyrien in die Provinz Pannonien umgewandelt und eine zivile Verwaltung eingeführt. Der Limes Pannonicus lief entlang der Probusgasse und folgte dem Lauf der Donau nach Westen. Am Heiligenstädter Pfarrplatz sind noch heute die Grundfesten des römischen Wachturms sichtbar.

Kaiser Claudius
Bronzebüste, heute im Museo Arqueológico Nacional de España (Madrid)

50 vor Christus	0	50	100	150

ANTIKE *Die römische Kaiserzeit*

63 v. bis 14 n. Chr.

Augustus, 63 v. Chr. als Gaius Octavius geboren, gilt als erster römischer Kaiser. Der Großneffe und Haupterbe Gaius Iulius Caesars.

Ab dem 1. Jh.

Errichtung Vindobonas: römisches Legionslager, Militärsiedlung und Zivilstadt am Donaulimes auf dem Gebiet des heutigen Wiens

Wachturm am Donaulimes

Jakobskirche in Heiligenstadt

Ansicht des Pfarrplatzes, kolorierte Federzeichnung von Josef Edler von Scheiger, 1820. Rechts ist der heutige Zugang zum Pfarrwirt erkennbar, links – ein wenig außerhalb des Bildes – liegt der Mayer am Pfarrplatz.

Das unglasierte Keramikmosaik von Helene Hädelmayer an der Fassade Probusgasse 14–16 stellt den römischen Kaiser Probus dar.

PROBUS

Kaiser von 276 bis 282 n. Chr.

Probus war nur 6 Jahre lang Kaiser des Römischen Reichs, man weiß wenig über ihn. Dennoch ist er hierzulande unvergessen, gilt er doch als Patron des Weinbaus an der Donau. In seiner Biographie (Vita Probi) in der „Historia Augusta" heißt es in Kapitel 18,8: „Er erlaubte allen Galliern, Spaniern und Briten, Reben zu besitzen und Wein herzustellen."

Deshalb gilt Probus in zahlreichen Weinbaugebieten nördlich der Alpen auch als derjenige, der den Weinbau eingeführt hat.

Sicher ist zwar, dass die Römer bereits lange vor Probus den Weinanbau in ihren Nordprovinzen eingeführt hatten, allerdings deutet zugleich vieles darauf hin, dass die Weinproduktion in dieser Region nach der Mitte des 3. Jahrhunderts deutlich an Bedeutung gewonnen hat. Die nach ihm benannte Probusgasse grenzt direkt an den Pfarrplatz an. Zu Kaiser Probus Zeiten schirmte der Limes, eine durchgängige Grenzbefestigung, den Machtbereich des Imperium Romanum gegen gegnerische germanische Stämme ab.

In Heiligenstadt stand damals ein Wachtposten an der Stelle, an der heute die Kirche St. Jakob steht.

00	250	300	350	400

SPÄTANTIKE

284–305

Diokletian ist von 284 bis 305 römischer Kaiser. Unter ihm planmäßige Verfolgung der Christen, drei Edikte gegen das Christentum

Der Donaulimes gehört zu den unruhigsten Gebieten im europäischen Teil des Römischen Reichs.

392

Kaiser Theodosius I. erklärt das Christentum zur Staatsreligion und verbietet alle heidnischen Kulte wie die Olympischen Spiele.

DIE HEILIGENSTÄDTER KIRCHE SANKT JAKOB

Treffpunkt der Severin-Gemeinschaft

Die Kirche am Heiligenstädter Pfarrplatz gilt als eine der ältesten Kirchen außerhalb der Wiener Innenstadt und ist dem heiligen Jakob geweiht.

Die Entstehung der Jakobskirche geht ins 5. Jh. zurück. Sie ist bis heute Treffpunkt der Severin-Gemeinschaft. 1952 wurde unter Pfarrer Klemens Kramert in der Jakobskirche ein exhumiertes Grab aus dem 5. Jh. innerhalb einer römischen Anlage gefunden. In der Tradition der Pfarre Heiligenstadt wurde seit Jahrhunderten das Grab des hl. Severin unter der Jakobskirche vermutet. Ebenso lange wird der hl. Severin in Heiligenstadt besonders verehrt. Im Jahr 1959 entstand die Severin-Bruderschaft mit dem Ziel, den hl. Severin in unserer Zeit bekannt zu machen und seine Verehrung zu pflegen.

Die Kirche ist eine einfache romanische Anlage. Die heutige Form stammt aus dem 12. Jh. Im Vordergrund befindet sich eine Johannes-Nepomuk-Statue.

Pfarrer Michael M. Hofians bei dem Eingang zur Ausgrabungsstätte

Im Jahr 1745 stiftet Kardinal Fürst von Kollonitz der Kirche eine Partikel des hl. Severin, welche seither als Reliquie verehrt wird.

350	400

FRÜH-MITTELALTER

395

Teilung des Römischen Reichs in Oströmisches (Byzantinisches) und Weströmisches Reich

Der heilige Severin christianisiert Vindobona. Feder- und Pinselzeichnung von Karl Ruß aus dem Zyklus „Bilder zur Geschichte von Wien", entstanden 1826 bis 1832

408

Die Legio X Gemina verlässt Vindobona.

Das Kloster Heiligenstadt, in dem Severin lebte, wird nach dessen Tod geplündert. Karl Ruß; Blatt 25 aus dem Zyklus „Bilder zur Geschichte von Wien", nach 1825

Darstellung des Heiligen am Severinaltar in Neapel (um 1470)

SEVERIN VON NORICUM

Severinus; * um 410; † 8. Januar 482 in Favianis, dem heutigen Mautern bei Krems

Severin war ein spätantiker Heiliger, Missionar und Klostergründer in Noricum. Aus Bescheidenheit verweigerte er Auskunft über seine Abstammung, es ist aber anzunehmen, dass er der römischen Führungsschicht entstammte. Seine Ausbildung als Mönch erhielt er im Osten des Reichs bei in der Wüste lebenden Einsiedlern. Nach dem Tode des Hunnenkönigs Attila (453) kam er von Pannonien nach Ufernoricum. Er bekleidete selbst kein Amt, sondern lebte als Anachoret im Konvent und war als Mahner, Seelsorger und Helfer tätig. Mit Hilfe eines freiwilligen Zehents organisierte Severin ein großes Sozialnetz im österreichischen Donauraum. Gewaltlos befreite er Gefangene.

Er sammelte und verteilte Kleider und Nahrungsmittel. Seiner ökumenischen Gesinnung wegen wurde er von den „katholischen" Romanen und den „arianischen" Germanen geachtet. Sein entschiedenes Auftreten im Umgang mit Herrschern zeugte von einer außergewöhnlichen persönlichen Autorität. Severin starb 482 in Favianis. Als 488 n. Chr. die Romanen aus Ufernoricum nach Italien abwanderten, nahmen sie den unversehrten Leichnam mit und brachten ihn bis Lucullanum. Heute werden seine Gebeine in Frattamaggiore bei Neapel verwahrt.

0 | 500

476
Untergang des Weströmischen Reichs

482
Severin von Noricum stirbt in Favianis (vermutlich das heutige Mautern bei Krems).

488
Odoaker beruft die römische Bevölkerung aus Noricum nach Italien ab, wohin auch die Gebeine des hl. Severin gebracht werden.

Im 5. Jh. Entstehung der Heiligenstädter Kirche St. Jakob. Ab 1105 gibt es Berichte über einen hier ausgeübten Severinkult. Bis 1246 war die Kirche in Heiligenstadt eine Filialkirche von St. Martin in Klosterneuburg.

DIE BABENBERGER & DIE HABSBURGER

996 wurde unter den Babenbergern die Markgrafschaft Ostarrichi eingerichtet. Wien wurde 1155 zur Hauptstadt und im Zuge der Kreuzzüge zu einer bedeutenden Handelsstadt ausgebaut. Nach Herzog Friedrich II. gingen ab 1246 die Herzogtümer sukzessive an die Habsburger über.

RIED ALSEGG

Die älteste Lage Wiens

1042: Eine der ältesten Erwähnungen eines Wiener Weingartens ist die Schenkungsurkunde von Graf Sieghard von Sieghardingern an das Benediktinerstift St. Peter in Salzburg, in der er ihm die Ried Alsegg in Dornbach übergab. Die Ried ist bis heute im Besitz des Stiftes. Das Weingut Mayer am Pfarrplatz bewirtschaftet diesen 8,3 ha großen Südhang, wo die Trauben für den bemerkenswerten Riesling Alsegg wachsen.

Leopold III., der Heilige, vor Klosterneuburg. Babenberger Stammbaum, um 1490, Stift Klosterneuburg

DER HEILIGE LEOPOLD

Markgraf 1095–1136

In der neuen Grenzmark des Ostfränkischen Reiches, Ostarrichi genannt, bauten die Babenberger ihre Herrschaft aus. Markgraf Leopold III. verlegte 1113 seine Residenz nach Klosterneuburg und gründete im Jahr darauf das Stift, in dem er bis heute bestattet liegt.

Ried Alsegg

Einzigartige Lage mit perfekter Südexposition, inmitten des dicht besiedelten 17. Bezirks.

Das Weingut Mayer am Pfarrplatz bewirtschaftet die Ried heute und keltert daraus seinen hervorragenden Riesling Alsegg.

MITTELALTER

1000	1050	1100	1150

996

Erstmalige Erwähnung Österreichs in einer Schenkungsurkunde Kaiser Ottos III. an das Bistum Freising

1113

Markgraf Leopold III. verlegt seine Residenz nach Klosterneuburg und gründet 1114 das Stift.

1156

Ostarrichi (Österreich) wird mit dem „Privilegium Minus" zum Herzogtum erhoben und Wien Sitz des Herzogs.

Die neugotischen Türme der Stiftskirche hinter dem barocken Kaisertrakt

STIFT KLOSTER-NEUBURG

Stiftung Leopolds III., 1114

1250 besaß das Stift Klosterneuburg bereits Weingärten in Heiligenstadt. Nach dem Tod des Pfarrers Heinrich übertrug Bischof Weinhardt von Passau 1304 dem Stift das Recht, die Pfarre Heiligenstadt in Besitz zu nehmen.

HEILIGENSTADT

Vormals St. Michael

Heiligenstadt war im Mittelalter einer der reicheren Orte in der Umgebung. Bereits 1318 ist eine Schule urkundlich erwähnt, wahrscheinlich die einzige weit und breit. Heiligenstadt litt jedoch wie viele Vororte von Wien stark unter den Verheerungen ab dem 15. Jahrhundert.

MATTHIAS CORVINUS

Ungarnkönig, Wienbesetzer

1484 gab der Ungar Matthias Corvinus im Zuge der Belagerung Wiens Heiligenstadt zur Plünderung frei. Hunyadi Mátyás, bekannt als Matthias Corvinus, wurde als Vierzehnjähriger zum König von Ungarn gewählt und machte sich so Kaiser Friedrich III. von Habsburg zum Feind, der die Stephanskrone Ungarns ebenfalls beanspruchte.
Als Basis seiner Macht hielt sich Corvinus neben der damals üblichen Adelsarmee eine etwa 10.000 Mann starke Söldnertruppe, die vorwiegend nichtungarische Legionäre rekrutierte. Gegen diese Armee war Kaiser Friedrich machtlos.
Die Schwarze Legion (Fekete Sereg) eroberte die Steiermark und belagerte Wien vier Wochen lang. Am 1. Juni 1485 marschierte Corvinus in Wien ein und machte die Stadt zu seiner Residenz. 1490 starb Matthias Corvinus unerwartet, und Österreich fiel wieder an Friedrich.

Porträt von Matthias Corvinus oder Hunyadi, 1443–1490, König des Königreichs Ungarn und Kroatien, Gegenkönig von Böhmen

1200 | **1300** | **1400** | **1450**

1278

Beginn der Herrschaft der Habsburger unter Rudolf I. über Österreich und die Steiermark

Rudolf I.

1438

Wien wird nach der Wahl Albrechts V. zum deutsch-römischen König (Albrecht II.) zur Residenzstadt.

1452

König Friedrich IV. wird in Rom vom Papst zum röm. Kaiser Friedrich III. gekrönt (1452–1493).

1458

Matthias Corvinus wird zum König von Ungarn gewählt.

Kaiser Friedrich III., Hans Burgkmair der Ältere (1473–1531), KHM Wien

Kaiser Maximilian (1459–1519), rechts seine erste Gemahlin Maria von Burgund (1457–1482), dazwischen deren Sohn Philipp der Schöne (1478–1506), vorne Maximilians Enkel Ferdinand I. (1503–1564) und Karl V. (1500–1558) und sein Schwiegerenkel Ludwig II. (1506–1526)

KAISER FRIEDRICH III.

* 21. September 1415 in Innsbruck;
† 19. August 1493 in Linz

Friedrich von Habsburg erzielte seinen Erfolg nicht auf dem Schlachtfeld, sondern mit geschickter Heiratspolitik. Auch Corvinus verspottete ihn dafür: „Bella gerant alii, tu felix Austria nube. Nam quae Mars aliis, dat tibi diva Venus." („Kriege führen mögen andere, du, glückliches Österreich, heirate. Denn was Mars [den] anderen [verschafft], gibt dir die göttliche Venus.") Unbeirrt von Hohn und Verachtung machte Friedrich den Spottvers zum Motto der Habsburgerdynastie und erstaunte seine Feinde mit rätselhafter Unbesiegbarkeit.

1477
verheiratete er seinen Sohnes Maximilian I. mit der Tochter und einzigen Erbin Karls des Kühnen, Maria von Burgund, und erwarb in der Folge die reichen Niederlande für Österreich und die Habsburger, die damit zum Haus Österreich und Burgund aufstiegen. Maximilian I. setzte diese Politik erfolgreich fort.

Durch die Vermählung seines Sohnes Philipp I. mit der spanischen Infantin Johanna von Kastilien konnten sich die Habsburger Spanien und dessen überseeischen Eroberungen sichern. Die Habsburger herrschten jahrhundertelang über ein Reich, in dem die Sonne nicht unterging.

FRÜHE NEUZEIT

1450

1459
Missernten in Österreich. Große wirtschaftliche Not, politisches Chaos, Räuberunwesen vor den Toren Wiens

1477
Heirat Maximilians I. mit Maria von Burgund. Durch Heiratspolitik vergrößern die Habsburger ihr Imperium enorm.

1485
Matthias Corvinus zog am 1. Juni in Wien ein; er residierte ab nun hauptsächlich in der österreichischen Hauptstadt und nannte sich „Herzog von Österreich".

1500

1529
Erste Belagerung Wiens durch die Türken

DIE TÜRKENKRIEGE

Die beiden Belagerungen Wiens durch die Türken im Zuge der Ausbreitung des Osmanischen Reichs Richtung Westen hinterließen auch in Heiligenstadt ihre Spuren – und fanden 1683 in unmittelbarer Nähe, auf dem Kahlenberg, auch wieder ihr Ende.

ERSTE WIENER TÜRKENBELAGERUNG

25. September bis 14. Oktober 1529

Im Sommer 1529 rückte Sultan Süleyman an der Spitze eines großen Heeres in Ungarn ein und installierte König Johann in dem von ihm besetzten Buda auf dem ungarischen Thron. Ungarn wurde damit de facto ein osmanischer Vasallenstaat. Nach diesem Erfolg führte der Sultan sein Heer weiter nach Nordwesten und drang über Komorn und Preßburg auf Wien vor.
Wer sich nicht hinter die Stadtmauern Wiens retten konnte, war leichte Beute für die Armee Süleymans. Heiligenstadt wurde verwüstet, die Kirche zerstört, Unzählige ermordet, vergewaltigt oder in die Sklaverei verschleppt. In Döbling schlug der Pascha von Mostar seine Zelte auf. 120.000 Mann schlossen am 25. September 1529 die Festung Wien ein.

Süleyman I., „der Prächtige" (1494–1566)

Türkischer Plan der Belagerung Wiens, 1683

Der Sultan übertrug seinem Großwesir Ibrahim Pascha die taktische Leitung der Belagerung. Ibrahim hatte den Plan, das Kärntnertor, das er als schwächste Stelle der Befestigungsanlagen erkannte, zu unterminieren und sturmreif zu schießen.

Am 1. Oktober billigte Süleyman dieses Vorhaben und die osmanische Artillerie eröffnete das Feuer. Zwei Wochen hielten die Mauern. Am 14. Oktober gelang es den Osmanen, eine Bresche in das Kärntnertor zu sprengen, doch fiel der Schutt nach außen, sodass die Erstürmung äußerst gefährlich war. Die Janitscharen mussten sich unter schweren Verlusten zurückziehen. In derselben Nacht endete die Belagerung. Der Abzug der Osmanen brachte der habsburgischen Hauptstadt für über 150 Jahre Sicherheit.

550 | **1600** | **1650**

Die Kirche St. Jakob und die Pfarre St. Michael in Heiligenstadt werden stark beschädigt.

1658

Leopold I. (* 9. Juni 1640 in Wien; † 5. Mai 1705 ebenda), VI. aus dem Hause Habsburg, war von 1658 bis 1705 Kaiser des Heiligen Römischen Reichs sowie König von Ungarn (ab 1655), Böhmen (ab 1656), Kroatien und Slawonien (ab 1657).

1674

Johann III. Sobieski (* 17. August 1629 in Olesko, heute Oblast Lwiw, Ukraine; † 17. Juni 1696 in Wilanów) war polnischer Aristokrat, Staatsmann, Großhetman und ab 1674, als König von Polen und Großfürst von Litauen, der gewählte Herrscher des Staates Polen-Litauen aus dem Adelsgeschlecht der Sobieskis. Er gilt als der Retter Wiens während der Zweiten Wiener Türkenbelagerung.

1683

GRÜNDUNG DES WEINGUTS MAYER AM PFARRPLATZ

ZWEITE WIENER TÜRKENBELAGERUNG

14. Juli 1683 bis 12. September 1683

Heiligenstadt hatte die Reformation und den Dreißigjährigen Krieg unbeschadet überstanden, doch im Jahre 1683 erhielt Kaiser Leopold I. zu Wien eine verhängnisvolle Botschaft von Sultan Mehmed IV.: „Wir sind im Begriffe, Dein Ländchen mit Krieg zu überziehen, und Wir führen mit Uns 13 Könige mit 1.300.000 Kriegern, Fußvolk und Reiterei, und werden Dein Ländchen mit diesem Heer, von dem weder Du noch Deine Anhänger eine Ahnung hatten, ohne Gnade und Barmherzigkeit mit Hufeisen zertreten und Feuer und Schwert übergeben. Vor allem befehlen Wir Dir, Uns in Deiner Residenzstadt in Wien zu erwarten, damit wir Dich köpfen können; auch Du kleines Königlein von Polen tu dasselbe."

GROSSWESIR KARA MUSTAFA führte eine gewaltige Armee gegen die Residenz. Nach einem Gefecht bei Petronell musste der Kommandant der Kaiserlichen, Herzog Karl V. von Lothringen, seine Truppen über die Donau retten. Kaiser Leopold I. selbst floh Richtung Linz. Wien war unter dem Kommando von Graf Ernst Rüdiger von Starhemberg seinem Schicksal überlassen. Außerhalb der Stadtmauern wüteten 40.000 Tataren der osmanischen Vorhut unter der schutzlosen Bevölkerung.

AUCH HEILIGENSTADT wurde dem Erdboden gleichgemacht. An das Gemetzel unter seinen Bewohnern erinnert die Nestelbachgasse, die vormals Blutgasse hieß, und zum Pfarrplatz führt. Am 13. Juli traf die Hauptarmee in Schwechat ein. Tags darauf wuchs die Zeltstadt der Belagerer in einem gewaltigen Halbkreis von St. Marx bis Oberdöbling. Kara Mustafa ließ seine Prunkzelte auf der Schmelz errichten. Am 15. Juli forderte der Großwesir Graf Starhemberg zur Übergabe der Stadt auf. Als dieser ablehnte, begann der zermürbende Belagerungskrieg, der bis zum 11. September dauern sollte.

FRÜHENEUZEIT

1650 — 1700

1679
Die „Große Pest von Wien", eine Pestepidemie von verheerendem Ausmaß, fordert etwa 12.000 Opfer.

Kaiser Leopold I. stiftet gemäß seinem Gelübde zur Abwendung der Pest die Leopoldskirche am Kahlenberg, heute Leopoldsberg.

1683
Zweite Belagerung Wiens durch die Türken unter Großwesir Kara Mustafa

Das Weingut Mayer am Pfarrplatz wird gegründet.

11.9.1683
Das christliche Entsatzheer unter König Johann III. Sobieski schlägt die osmanischen Belagerer in der Schlacht am Kahlenberg.

Franz Geffels Entsatzschlacht von Wien, 1683
Wien Museum, Karlsplatz

Links im Bild der heutige Kahlen- und Leopoldsberg sowie der Nussberg, an dessen Fuße sich der Pfarrplatz befindet

Kara Mustafa (1634/35–1683), Oberbefehlshaber der Zweiten Belagerung Wiens zu Beginn des Großen Türkenkriegs

DIE SCHLACHT AM KAHLENBERG

Ende der Zweiten Türkenbelagerung

Anfang September 1683 hatte der unerbittliche osmanische Minenkrieg bereits große Breschen in die Burgbastei gesprengt, die Verteidiger waren von Hunger und Ruhr geschwächt. Graf Starhemberg hatte nur noch 4.000 einsatzfähige Männer. Die Stadt konnte jeden Tag fallen. Im Stephansdom betete man um das Eintreffen des Entsatzheeres. Die Lage war verzweifelt, als endlich Nachricht von der Ankunft der polnischen Reiter kam.

Im 17. Jh. war der Kahlenberg bis obenhin von Weingärten bedeckt.

Die St. Leopoldskirche am Leopoldsberg wurde 1720 barockisiert.

JOHANN III. SOBIESKI war am 15. August aus Krakau aufgebrochen und über Schlesien und Mähren Richtung Wien gezogen, bis er am 31. August in Hollabrunn bei Herzog Karl V. eintraf und sich bei Tulln mit den Truppen der Sachsen, den Kaiserlichen, den Bayern und den fränkisch-schwäbischen Reichstruppen bei Tulln vereinigte. Die an die 70.000 Mann starke christliche Allianz überquerte ungehindert die Donau, erreichte am 11. September 1683 die nördlichen Ausläufer des Wienerwaldes und stand am Morgen des 12. September 1683 bereit zum Angriff auf dem Kahlenberg.

Zwölf Stunden wogte der Kampf. Herzog Karl V. gelang der Durchbruch bei Nussdorf. Dann brach am Nachmittag das Gericht Gottes in Gestalt der polnischen Lanzenreiter über das Zentrum der Osmanen herein. Die Kavallerieattacke der Hussaria entschied die Schlacht am Kahlenberg. Jan III. Sobieski war der Held des Tages. Die Zweite Wiener Türkenbelagerung setzte Heiligenstadt stark zu. Aufgrund der Verwüstungen glich der Ort einer Einöde. Die Wirtschaft erholte sich erst im 18. Jahrhundert, als die Viehwirtschaft und der Obstbau die Wiener Märkte eroberten.

IM 17. JAHRHUNDERT war der Kahlenberg bis obenhin von Weingärten bedeckt. 1679 stifete Kaiser Leopold I. gemäß einem Gelübde zur Abwendung der Pest die Leopoldskapelle an der Stelle, an der einst der Babenberger Leopold seine Burg errichtet hatte.

1683 wurde der fertiggestellte Teil aber von den Türken vernichtet. Nach dem Sieg gegen die Türken ließ der Habsburger die zerstörte Kapelle wieder errichten und 1693 dem heiligen Leopold weihen, woraufhin der Berg den Namen Leopoldsberg erhielt. Der benachtbarte Sauberg wurde darauf in Kahlenberg umbenannt.

Johann III. Sobieski (*17. August 1629 in Olesko, Ukraine; † 17. Juni 1696 in Wilanów)

1650	1700

AUFKLÄRUNG

1693

Die Leopoldskirche wird nach den Verheerungen der Zweiten Türkenbelagerung wieder instand gesetzt und 1693 geweiht. Der Berg mit der Leopoldskapelle erhält den Namen „Leopoldsberg". Die Kirche wird mit großen Kostbarkeiten ausgestattet. Große Verehrung genießt ein Marienbild, das als „Maria Türkenhilfe" bezeichnet wurde.

1699

Am 26. Januar 1699 wird der Friede von Karlowitz geschlossen. Mit ihm endet der Große Türkenkrieg zwischen dem Osmanischen Reich und dem Heiligen Römischen Reich, Polen, der Republik Venedig, dem Kirchenstaat sowie Russland. Der Grundstein für die neue Großmacht Österreich wird gelegt.

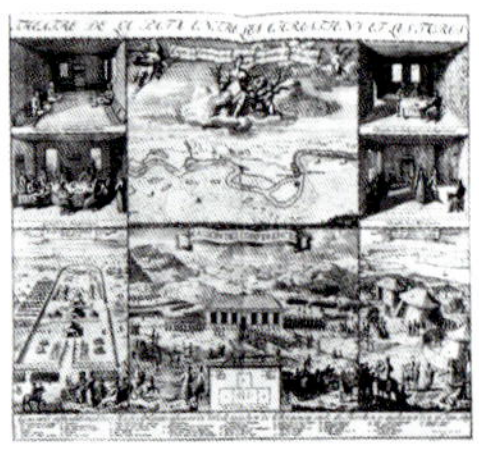

BEETHOVEN IN HEILIGENSTADT

Nach dem Abzug der Osmanen hatte Heiligenstadt eine schwere Zeit. Die Wirtschaft erholte sich erst im 18. Jahrhundert langsam wieder. Im 19. Jahrhundert erlangte es schließlich den Ruf als Sommerfrischeort, gehobene Wiener Bürger siedelten sich hier an, und in den Sommermonaten wurde der Ort von Touristen und Kurgästen frequentiert. Einer der prominentesten war Ludwig van Beethoven.

19. Jahrhundert am Pfarrplatz: gehobenes Bürgertum und Kurgäste

1750 | 1800

1740–1780 Kaiserin Maria Theresia (* 13. Mai 1717 in Wien; † 29. November 1780 ebenda)	**1765–1790** Joseph II. (* 13. März 1741 in Wien; † 20. Februar 1790 ebenda), Sohn Maria Theresias, Kaiser des Heiligen Römischen Reichs, ab 1780 auch König von Böhmen, Kroatien und Ungarn	**1770** Ludwig van Beethoven wird am 16. Dezember in Bonn geboren.		**1789–1799** Französische Revolution

Historische Ansicht der Heiligenstädter Kirche, 1810

Franz Anton de Paula Gaheis (* 1. April 1763 in Krems an der Donau; † 25. August 1809 in Wien)

DAS HEILIGENSTÄDTER BAD

Im heutigen Heiligenstädter Park (1781–1875)

Ende des 18. Jhs. wurde über einer heißen Schwefelquelle, die bereits von den Römern genutzt wurde, ein Badehaus errichtet, das erheblich zum Aufschwung des Ortes beitrug.

1805 unternahm der Wiener Reiseschriftsteller Franz A. de Paula Gaheis eine „Reise" nach Heiligenstadt und schildert die Badeanlage in unmittelbarer Umgebung des Pfarrplatzes in seinen „Wanderungen und Spazierfahrten in die Gegenden um Wien" (1810) wie folgt:

„... in diesem Garten sieht man abwechselnd Alleen von Obstbäumen, Lusthäusern, Statuen, erhöhten Spaziergängen, Wiesenplätzen und Kegelstätten. Das Murmeln und Rieseln des Baches, an und über welchem das Bad liegt, der kühle Wind, der das Tal durchsäuselt, die Schatten der umhergepflanzten Bäume, und die bunten umhergelagerten Menschengruppen, geben dieser Gegend eine so nachlässig schöne Naturwildheit, wie wir sie in Romanen von indianischen Gegenden nur immer geschildert finden. Für die Belustigungen sind in dem Garten nächst der Quelle 14 abgetheilte Badezimmer, deren jedes mit ein oder zwey Badewannen, No. 1 und 2 auch mit einem Ofen versehen ist. Die Wannen sind zur Bequemlichkeit der Badenden in die Tiefe

1750	1800

AUFKLÄRUNG

1781

In der Nähe der Pfarrkirche St. Michael (Heiligenstädter Kirche) wird eine Mineralquelle entdeckt; das Heiligenstädter Bad wird gegründet.

1792–1815

Napoleonische Kriege

Jacques-Louis David – Napoleon überquert die Alpen, 1802/1803, KHM, Wien

1802

Ludwig van Beethoven besucht die Heilquelle in Heiligenstadt und verfasst das sogenannte Heiligenstädter Testament.

hinabgesenkt und gerade über jeder derselben befinden sich zwey Pippen, mit deren Hilfe man sich nach Belieben kaltes oder warmes Wasser zufließen läßt. Ohne Wäsche bezahlt die Person 20 Kreuzer pro Bad. Bei dem Ursprunge, welchen der gegenwärtige Besitzer mit vielen Kosten einfassen ließ, ist ein großes offenes Bad errichtet, welches auch im strengsten Winter nicht friert, hier sieht man, wie aus den am Boden angebrachten Löchern die Urquelle mit großen Blasen hinaufsteigt. In dem Hause sind zu ebener Erde die gemeinen, im ersten Stock die größeren Gastzimmer. Gegen den Garten hin ist ein geräumiges Sommercabinett für Gäste. Um sich mit noch größerer Bequemlichkeit des Bades bedienen zu können, werden mit großem Aufwand noch mehrere Bäder eigens für die Noblesse errichtet."

Ludwig van Beethoven
(* 1770 in Bonn, Kurköln;
† 26. März 1827 in Wien)

Zu Höchstzeiten besuchten bis zu 300 Menschen täglich das Heilbad mit angeschlossenem Gasthaus. Allerdings versiegte die Quelle im Zuge der Donauregulierung, was 1875 – nach zahlreichen Besitzerwechseln – schließlich zur Schließung des Badebetriebes führte. Anstelle der Badeanstalt wurde der „Kuglerpark", der heutige Heiligenstädter Park, errichtet.

1802: Der 32-jährige Ludwig van Beethoven folgte dem Rat seines Hausarztes, die Heilquelle in Heiligenstadt aufzusuchen. Angesichts der Erfolglosigkeit seiner Kur erlitt Beethoven einen seelischen Zusammenbruch. Aus tiefer Verzweiflung schrieb er seinen Brüdern einen Brief, den er nie abschickte. Das sogenannte Heiligenstädter Testament wurde erst nach seinem Tod 1927 in seinem Nachlass gefunden. Er komponierte in diesem Jahr aber auch seine 2. Symphonie, deren Beschwingtheit eine Überwindung seiner Verzweiflung andeutete.

1803/1804

Beethoven komponiert seine 3. Symphonie. Ursprünglich war sie Napoleon Bonaparte gewidmet, doch wurde diese Widmung nach der eintreffenden Nachricht von der Kaiserproklamation Napoleons zurückgenommen.

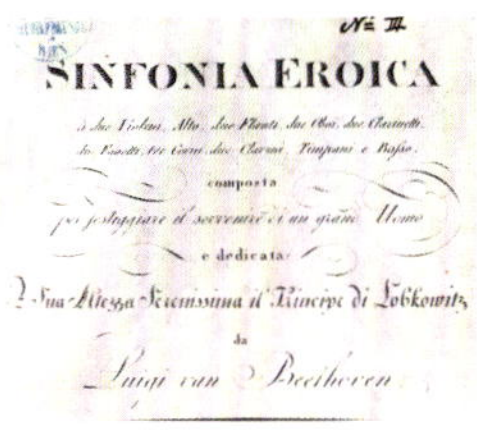

1809

Einzug Napoleons in Wien. Die Truppen des Kaisers wüten in den Vorstädten. Auch das Heiligenstädter Bad und der dazugehörige Park dienen den Soldaten als Quartier. Nach dem Abzug der Truppen gleicht die ganze Anlage einem Trümmerhaufen. Der Cafetier Franz Woller lässt die Anlagen wiederherstellen und modernisieren.

DAS HEILIGENSTÄDTER TESTAMENT

Beethoven an seine Brüder Kaspar Carl und Nikolaus Johann van Beethoven:

O ihr Menschen *die ihr mich für Feindseelig störisch oder Misantropisch haltet oder erkläret, wie unrecht thut ihr mir, ihr wißt nicht die geheime ursache von dem, was euch so scheinet, mein Herz und mein Sinn waren von Kindheit an für das zarte Gefühl des Wohlwollens, selbst große Handlungen zu verrichten dazu war ich immer aufgelegt, aber bedenket nur daß seit 6 Jahren ein heilloser Zustand mich befallen, durch unvernünftige Ärzte verschlimmert, von Jahr zu Jahr in der Hofnung gebessert zu werden, betrogen, endlich zu dem überblick eines daurenden Übels das (dessen Heilung vieleicht Jahre dauren oder gar unmöglich ist) gezwungen, mit einem feurigen Lebhaften Temperamente gebohren selbst empfänglich für die Zerstreuungen der Gesellschaft, muste ich früh mich absondern, einsam mein Leben zubringen, wollte ich auch zuweilen mich einmal über alles das hinaussezen, o wie hart wurde ich dur[ch] die verdoppelte traurige Erfahrung meines schlechten Gehör's dann zurückgestossen, und doch war's mir noch nicht möglich den Menschen zu sagen: sprecht lauter, schreyt, denn ich bin Taub, ach wie wär es möglich daß ich da die Schwäche eines Sinnes angeben sollte, der bey mir in einem Vollkommenern Grade als bey andern seyn sollte, einen Sinn denn ich einst in der grösten Vollkommenheit besaß, in einer Vollkommenheit, wie ihn wenige von meinem Fache gewiß haben noch gehabt haben – o ich kann es nicht, drum verzeiht, wenn ihr mich da zurückweichen sehen werdet, wo ich mich gerne unter euch mischte, doppelt Wehe thut mir mein unglück, indem ich dabey verkannt werden muß, für mich darf Erholung in Menschlicher Gesellschaft, feinere unterredungen, Wechselseitige Ergießungen nicht statt haben, ganz allein fast nur so viel als es die höchste Nothwendigkeit fodert, darf ich mich in Gesellschaft einlassen, wie ein Verbannter muß ich leben, nahe ich mich einer Gesellschaft, so überfällt mich eine heiße Ängstlichkeit, indem ich befürchte in Gefahr gesezt zu werden, meine[n] Zustand merken zu laßen – so war es denn auch dieses halbe Jahr, was ich auf dem Lande zubrachte, von meinem Vernünftigen Arzte aufgefodert, so viel als möglich mein Gehör zu schonen, kamm er mir fast meiner jezigen natürlichen Disposizion entgegen, obschon, Vom Triebe zur Gesellschaft manchmal hingerissen, ich mich dazu verleiten ließ, aber welche Demüthigung wenn jemand neben mir stund und von weitem eine Flöte hörte und ich nichts hörte, oder jemand den Hirten Singen hörte, und ich auch nichts hörte, solche Ereignisse brachten mich nahe an Verzweiflung, es fehlte wenig, und ich endigte selbst mein Leben – nur sie die Kunst, sie hielt mich zurück, ach es dünkte mir unmöglich, die Welt eher zu verlassen, bis ich das alles hervorgebracht, wozu ich mich aufgelegt fühlte, und so fristete ich dieses elende Leben – wahrhaft elend, einen so reizbaren Körper, daß eine etwas schnelle Verändrung mich aus dem Besten Zustande in den schlechtesten versezen kann – Geduld – so heist es, Sie muß ich nun zur führerin wählen, ich habe es – daurend hoffe ich, soll mein Entschluß seyn, auszuharren, bis es den unerbittlichen Parzen gefällt, den Faden zu brechen, vieleicht geht's besser, vieleicht nicht, ich bin gefaßt – schon in meinem 28 Jahre gezwungen Philosoph zu werden, es ist nicht leicht, für den Künstler schwere[r] als für irgend jemand – Gottheit du siehst herab auf mein inneres, du kennst es, du weist, dasß menschenliebe und neigung zum Wohlthun drin Hausen, o Menschen, wenn ihr einst dieses leset, so denkt, daß ihr mir unrecht gethan, und der unglückliche, er tröste sich, einen seines gleichen zu finden, der troz allen Hindernissen der Natur, doch noch alles gethan, was in seinem Vermögen stand, um in die Reihe würdiger Künstler und Menschen aufgenommen zu werden – ihr meine Brüder Carl und {Leerraum}, sobald ich Tod bin und Professor schmid lebt noch, so bittet ihn in meinem Namen, daß er meine Krankheit beschreibe, und dieses hier geschriebene Blatt füget ihr dieser meiner Krankengeschichte bey, zu damit wenigstens so viel als möglich die Welt nach meinem Tode mit mir versöhnt werde – zugleich erkläre ich euch beyde hier für meine die Erben des kleinen Vermögens, (wenn man es so nennen kann) von mir, theilt es redlich, und vertragt und helft euch einander, was ihr mir zuwider gethan, das wist ihr, war euch schon längst verziehen, dir Bruder Carl danke ich noch in's besondre für deine in dieser leztern spätern Zeit mir bewiesene Anhänglichkeit, Mein Wunsch ist, daß ich euch ein bessers sorgenvolleresloseres Leben, als mir, werde, emphelt euren nach Kindern Tugend, sienur allein kann glücklich machen, nicht Geld, ich spreche aus Erfahrung, sie war es, die mich selbst im Elende gehoben, ihr Danke ich nebst meiner Kunst, daß ich durch keinen selbstmord mein Leben endigte – lebt wohl und liebt euch;– allen Freunden danke ich, besonders fürst Lichnovski und P[r]ofessor schmidt – die Instrumente von fürst L.[ichnowsky] wünsche ich, daß sie doch mögen aufbewahrt werden bey einem von euch, doch entstehe deswegen kein Streit unter euch, sobald sie euch aber zu was nüzlicherm dienen können, so verkauft sie nur, wie froh bin ich, wenn ich auch noch unter meinem Grabe euch nüzen kann – so wär's geschehen - mit freuden eil ich dem Tode entgegen – kömmt er früher als ich Gelegenheit gehabt habe, noch alle meine Kunst-Fähigkeiten zu entfalten, so wird er mir troz meinem Harten Schicksaal doch noch zu frühe kommen, und ich würde ihn wohl später wünschen – doch auch dann bin ich zufrieden, befreyt er mich nicht von einem endlosen Leidenden Zustande? – Komm, wann du willst, ich gehe dir muthig entgegen – lebt wohl und Vergeßt mich nicht ganz im Tode, ich habe es um euch verdient, indem ich in meinem Leben oft an euch gedacht, euch glücklich zu machen, seyd es –*

Ludwig van Beethowen
Heiglnstadt am 6ten october 1802

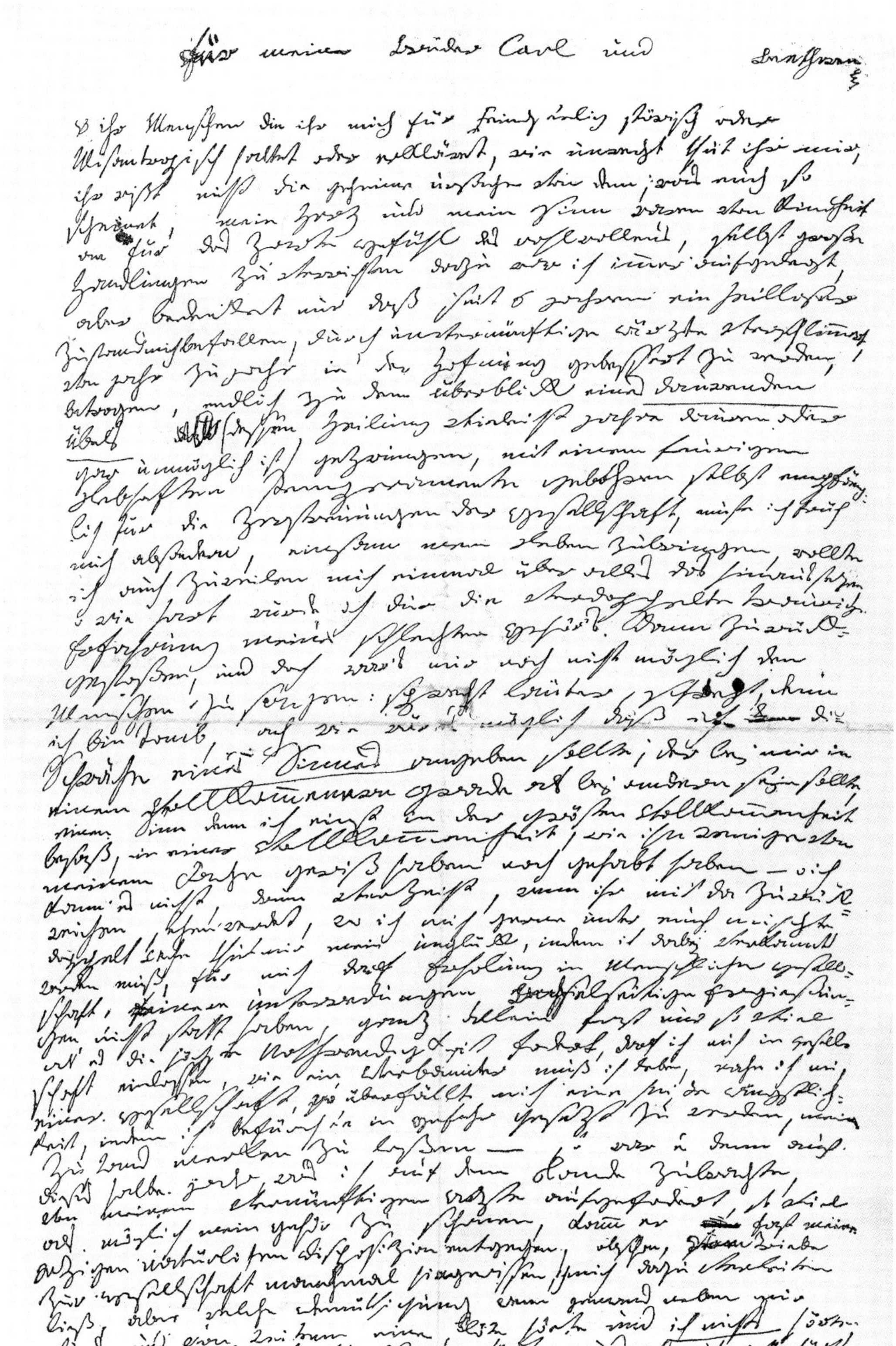

Die erste Seite des Briefes Beethovens an seine Brüder, 1802

Briefmarke „Beethovenhaus in Wien-Heiligenstadt" aus der Serie Österreichische Baudenkmäler, 1962

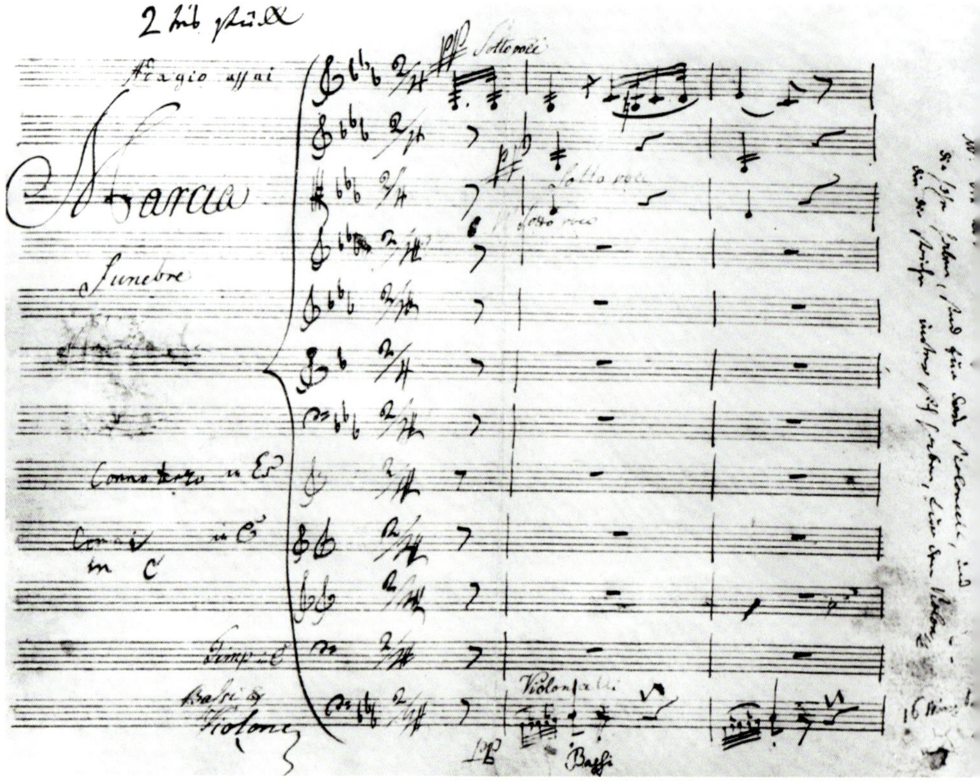

Seite zwei der „Eroica"-Variationen

1803/1804: BEETHOVEN STELLT IN HEILIGENSTADT SEINE 3. SYMPHONIE, DIE „EROICA", FERTIG.
Die erste Aufführung fand am 7. April 1805 im Theater an der Wien statt.

1808
Ludwig v. Beethoven bezieht sein Sommerquartier in der Grinzinger Straße 64 (damals Nr. 8). Die zweite Fassung des „Fidelio" war fertiggestellt, ebenso die 5. Symphonie und die „Appassionata". In Heiligenstadt entstand nun die 6. Symphonie, die „Pastorale". Am 22. Dezember 1808 wurden die Symphonien 5 und 6 im Theater an der Wien uraufgeführt.

1817
L. v. Beethoven bezog im Sommer eine Wohnung im romantischen Doppelhaus des Weingutes Mayer am Pfarrplatz. Dieser Sommer gab dem Haus am Pfarrplatz auch den Namen „Beethovenhaus".

Das Ereignis wurde von Joseph Aug. Lux in seiner Beethovenbiografie von 1927 folgendermaßen beschrieben:

„Wohl hat sich eine Sommerwohnung in Heiligenstadt gefunden; das Haus ist lieblich gelegen, am stillen, sonnigen Pfarrplatz, in dessen Mitte sich eine Johannesstatue erhebt, umgeben von vier Akazien. Von der Hausecke schaut aus blauem Grund der heilige Florian herab, ein breites Tor führt in den Hof; wilder Wein überwuchert wie ein dichtgrüner Vorgang die offene Holztreppe an der linken Langseite, über die man in die primitiven Zimmer hinaufkommt, die mit ihren Fenstern weit hinaussehen über die Donau, ins Marchfeld hinüber, wo die Gräfin Erdödy auf ihrem Landsitz wohnt…"

Während seiner Zeit in Heiligenstadt arbeitete Beethoven auch an der 9. Symphonie. 1824 wurde sie im Kärntnertortheater uraufgeführt, Beethoven hat sie selbst nie gehört.

1800

BIEDERMEIER

1815
Der Wiener Kongress legt unter der Leitung von Fürst von Metternich in Europa zahlreiche Grenzen neu fest und definiert neue Staaten. Anlass war die Niederlage von Napoleon Bonaparte, der in den Koalitionskriegen im Gefolge der Französischen Revolution die politische Landkarte des Kontinentes erheblich verändert hatte.

Klemens Fürst Metternich, von Sir Thomas Lawrence, KHM Wien

1817
Ludwig van Beethoven bezieht eine Wohnung im heutigen Mayer am Pfarrplatz, seither „Beethovenhaus" genannt.

1827
Beethoven stirbt am 26. März in Wien. Sein Leichnam wird auf dem Währinger Ortsfriedhof beigesetzt. Franz Grillparzer verfasst die Grabrede, Franz Schubert ist einer der 36 Fackelträger.

DIE BEETHOVEN-STIEGE
im heutigen Mayer am Pfarrplatz

Noch heute erinnert die Wohnung, die man vom Gastgarten im Innenhof des Mayer am Pfarrplatz aus über eine kleine Treppe in den ersten Stock erreicht, an Ludwig van Beethoven. Unter dieser Stiege, im lauschigen Innenhof des heutigen Heurigen, schlug ein Jahrhundert später der österreichische Komponist und Dirigent Robert Stolz seinen Stammtisch auf.

In unmittelbarer Nähe zum Pfarrplatz beginnt auch der Beethovengang, der an die einsamen Wanderungen des großen Meisters erinnert. Im Heiligenstädter Park huldigt ein Denkmal dem verzweifelten Genie.

1918

Im Februar 1918, wenige Monate vor dem endgültigen Untergang der Donaumonarchie, erlebte der erste Beethovenfilm in Wien seine Premiere. In „Der Märtyrer seines Herzens" spielt der damals an der Wiener Volksbühne engagierte, noch weitgehend unbekannte Fritz Kortner seine erste Hauptrolle. Der Film illustriert den Mythos des begnadeten, jedoch unglücklichen Künstlers, der Erfüllung nur in seiner Kunst findet.

Die Wiener Allgemeine Zeitung vom 9. Februar 1918 beschreibt den Stummfilm über das Leben des Großen Musikers: „...darüber hinaus geht es dem Regisseur um das sentimental ‚hingezauberte Kolorit des vormärzlichen Lebens der Kaiserstadt'. Als visuelle Topoi werden bekannte Wiener Postkartenansichten aufgerufen: ‚Salon und Schenke, Heurigengarten und Wienerwald, das sind stets naturwahre, lebendig anmutende Bilder'."

Die Treppen zu Ludwig van Beethovens ehemaligem Quartier im Innenhof des heutigen Mayer am Pfarrplatz, genannt Beethoven-Stiege

1850 | 1900

1875
Die Quelle des Heiligenstädter Bades versiegt im Zuge der Donauregulierung, der Badebetrieb wird eingestellt.

1900
lässt die Gemeinde die Badehäuser abreißen und errichtet den Kuglerpark.

1888
Beethovens Skelett wird exhumiert und in ein Ehrengrab auf dem Wiener Zentralfriedhof umgebettet.

Fritz Kortner als Beethoven, 1918

1918
Der erste Beethovenfilm „Der Märtyrer seines Herzens" feiert in Wien seine Premiere.

DIE ROTHSCHILDS IN HEILIGENSTADT

Die Bankiersfamilie hinterließ der Stadt nicht nur einen Park, sondern auch den ersten Wiener Fußballverein.

Das Pförtnerhaus am Eingang in den Heiligenstädter Park in der Geweygasse

Nathaniel Meyer Anselm Freiherr von Rothschild (* 26. Oktober 1836 in Frankfurt am Main; † 13. Juni 1905 in Wien)

DIE ROTHSCHILDGÄRTEN
1882–1950

Der Bankierssohn Nathaniel Meyer Anselm Freiherr von Rothschild, bekannt als Kunstsammler, Bauherr, Reiseschriftsteller, Amateurphotograph, Blumenzüchter und großzügiger Gönner, erwarb 1882 große Flächen auf der Hohen Warte.

Er ließ sich eine elegante Villa im damals beliebten Stil des Historismus erbauen und einen weitläufigen Herrschaftspark anlegen, in dem er eine erstaunliche Sammlung von botanischen Raritäten pflanzen ließ. Der landschaftlich gestaltete Park, der japanische Garten, mehrere Parterreanlagen sowie die dazugehörigen Glashäuser standen zur Besichtigung offen. Nach dem „Anschluss" Österreichs an das Deutsche Reich wurde 1938 auch das Rothschild-Areal „arisiert". Angeblich wurden große Teile der Rothschildgärten bereits während des 2. Weltkriegs zerstört, andere überlebten die Nachkriegszeit nicht. Heute erinnert nur noch das Pförtnerhäuschen am Eingang Geweygasse an die einstige Pracht.

1950 schenkte die Familie Rothschild den Besitz der Stadt Wien und die Rothschildgärten gingen im heutigen Heiligenstädterpark auf.

1850

ab 1867
Die Reblaus zerstört große Teile der Weinrieden in ganz Österreich.

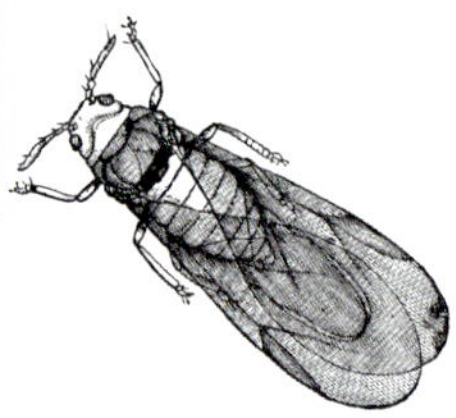

1882
Rothschild erwirbt Flächen auf der Hohen Warte.

Das Club-Logo mit den Hausfarben der Rothschilds

1894
Gründung des Vereins First Vienna Football Club im heutigen Pfarrwirt

FIRST VIENNA FOOTBAL CLUB

Die Ersten bis in alle Ewigkeit

Historische Postkarte mit einer Aufnahme der Restauration „Zur schönen Aussicht", dem heutigen Pfarrwirt

1894 In besagten Gärten arbeitete ein gewisser James Black, ein englischer Gastarbeiter, als Gärtner. Er und Franz Joli, der Sohn des Chefgärtners, waren wohl die einzigen zwei Menschen in Wien, die wussten, was Fußball ist. Doch bald hatten sie genug Engländer und heimische Gärtner zusammen, um auf dem heiligen, von Rothschild geliebten Rasen Matches auszutragen. Der Kollateralschaden dieser Spiele führte zur Gründung des heutigen Vereins „Vienna".
Als der Freiherr den von den Spielen zerstörten Rasen sah, bekam er einen Tobsuchtsanfall und reagierte dementsprechend: Er mietete für die „Mannschaft" die Kuglerwiese und kam für die Kosten des Trainings- und Spielbetriebs auf. Umsonst war das aber nicht ganz, denn der Klub sollte die Farben Blau-Gelb tragen – die Hausfarben der Rothschilds, die schon im Pferderennsport zum Einsatz kamen.

So gesehen hat die Vienna bereits 1894 das Trikotsponsoring erfunden. Die nächste brennende Frage lautete: „Welches Logo?" William Beale, einer der Spieler, kam von der Isle of Man. Die Flagge der Insel besteht aus drei sternförmigen Beinen auf rotem Grund. Beale gab in die Mitte einen Fußball, machte alles blau-gelb und fertig war das Logo. Unverändert seit 1894.

Am 22. August 1894 wurde unter der Patronanz Rothschilds der Verein in der Restauration „Zur schönen Aussicht", dem heutigen Pfarrwirt, aus der Taufe gehoben. Der Name: First Vienna Football Club. Das „First" war allen besonders wichtig, weil wenn man irgendwo der Erste ist, bleibt man das bis in alle Ewigkeit.

Fußballstar Mark Nicholson (stehend 2. v. l.) als Mitglied der „Vienna" von 1899

900 | 1930

1927

Premiere des ersten abendfüllenden Tonfilms: „The Jazz Singer" (Warner Bros.)

1929

Der Schwarze Donnerstag: Der folgenreichste Börsencrash der Geschichte am 24. Oktober. Er gilt als Auslöser der Great Depression in den USA und der Weltwirtschaftskrise.

1930

Der Tonfilm setzt sich in nahezu allen großen Industrieländern durch. Mitte der 30er Jahre gehört der Stummfilm bis auf wenige Ausnahmen weltweit der Vergangenheit an.

DIE WIENER SCHRAMMELN, MOSER & CO.

Wiener Weinseligkeit und Volksmusik sorgten in der dunkelsten Zeit der Geschichte Österreichs für klischeehafte Unterhaltung. Aber: Wer keinen Spaß versteht, der versteht auch meistens keinen Ernst (Hans Moser).

Das Schrammelquartett, 1879. Stehend im linken Eck der Volkssänger Carl Schmitter. Fotografie von Rudolf Krziwanek

DIE SCHRAMMELN

Die Schrammelmusik ist eine für Wien typische Musikgattung des ausgehenden 19. Jahrhunderts. Sie gilt als Wiener Volksmusik. Seit 1870 spielten die Geiger und Brüder Johann und Josef Schrammel in Georg Dänzers Quartett zusammen mit Anton Strohmayer an der Kontragitarre. Ihre nur siebenjährige Schaffensperiode reichte aus, um den Namen Schrammel zum Begriff einer eigenen Kategorie der volkstümlichen Musik Wiens werden zu lassen. Gespielt wurden Ländler, Polkas und der legendäre „alte Tanz". Nach 1873, dem Jahr des großen Börsenkrachs und einer darauffolgenden allgemeinen „Zurück zur Natur"-Bewegung trat die exakt dieselbe Besetzung als „Die Schrammeln" auf. Sie bereisten ganz Europa, spielten in ausverkauften Häusern und erfanden den Musik-Tourismus. Ihre Virtuosität und der strenge mehrstimmige Satz näherte die Volksmusik der „Klassik" an. Adelshäuser, aber auch Johann Strauss (Sohn) und Kronprinz Rudolf waren bekennende Schrammel-Fans. 1893 starb Georg Dänzer, Anton Ernst ersetzte mit seiner Knöpferlharmonika Dänzers „picksüßes Hölzl" (G-Klarinette). Das spezifische Klangbild des Quartetts erlosch damit, trotzdem hielt die Popularität vorerst an. Die „Schrammeln" bildeten am Ausgang des 19. Jhs. den Höhepunkt der volkstümlichen Wiener Musik. Ihre besondere Begabung und meisterhafte Spieltechnik erhoben sie über alle anderen Ensembles der Stadt. Die Gebrüder Schrammel komponierten über 200 Lieder und Musikstücke. Mit dem Tod der Brüder 1893 und 1895 geriet die besondere Klangfarbe des Quartetts allerdings für die nächsten 70 Jahre in Vergessenheit.

MOSER & CO

Die Geschichte der Schrammeln wurde 1944 nach dem Drehbuch von Ernst Marischka auch verfilmt. Die Wiener Filmstudios erfüllten damit den Auftrag des Reichsministeriums für Volksaufklärung und Propaganda (RMVP) in Berlin mit der Serienproduktion eskapistischer Unterhaltungsware, die sich aller Klischees des „typisch Wienerischen" bediente. Da konnten natürlich auch die Schrammeln nicht fehlen. In freier Anlehnung an historische Gegebenheiten erzählt der heiter-gemütvolle Wiener Unterhaltungsfilm „Schrammeln" die Geschichte des Quartetts. Wiener Heurigenmusik sowie viele einfühlsame Lieder der Donaumetropole umrahmen die kurzweilige Filmkomödie musikalisch. Nicht zuletzt sorgt die von Paul Hörbiger und Hans Moser angeführte Riege der Schauspielerschaft dafür, dass in dieser unlustigen Periode der Geschichte auch der Humor zu seinem Recht kommt.

Hans Moser als Anton Strohmayer im Film „Schrammeln" von 1944

1940 | 1945

1938
Einmarsch deutscher Einheiten und Anschluss Österreichs an das Deutsche Reich

Arisierung und großteils Zerstörung der Rothschildgärten

1941
Beginn der Atlantik-Konferenz zwischen Roosevelt und Churchill. Deklaration der Errichtung der Vereinten Nationen

1944
Erster amerikanischer Fliegerangriff auf die Innenstadt Wiens mit großen Schäden

1945
Die Rote Armee überschreitet die österreichische Grenze.

1938–1945
Österreichischer Widerstand. In den „großdeutschen Jahren" verhängen die deutschen Volksgerichte etwa 80.000 Jahre Kerkerstrafen über 36.000 österreichische Freiheitskämpfer.

DER WIDERSTAND UND SEINE OPFER

Der „Anschluss" Österreichs an Deutschland und die darauffolgende NS-Machtergreifung führten auch dazu, dass sich ein breiterer Widerstand in der Bevölkerung bildete.

ÖSTERREICHISCHER WIDERSTAND

Die wichtigsten organisierten Widerstandsgruppierungen Österreichs gehörten der Arbeiterbewegung und dem katholisch-bürgerlichen Lager an. Innerhalb dieser beiden Lager vermischten sich im Widerstand die weltanschaulichen Grenzen zwischen Sozialdemokraten, Kommunisten und anderen Linksgruppen einerseits und ehemaligen Christlichsozialen und Heimwehrangehörigen sowie Monarchisten und „unpolitischen" Katholiken andererseits. Die unterschiedlichen Widerstandsgruppen Österreichs waren von verschiedenen Motiven geleitet: politischen, ideologischen, religiösen, sozialen, ethischen oder österreichisch-patriotischen.

Wesentlichste Aktivitäten aller Gruppen waren die Verbreitung illegaler Druckwerke, das Abhören ausländischer Sender bis hin zu Sabotage oder Hilfestellung für verfolgte Juden. Das gemeinsame Ziel: das Meinungsmonopol des NS-Regimes zu durchbrechen. Insgesamt wurden etwa 2.700 Österreicher als aktive Widerstandskämpfer zum Tod verurteilt und hingerichtet; 32.000 Österreicher starben als Widerstandskämpfer und Opfer präventiver Verfolgung in Konzentrationslagern und Gefängnissen, insbesondere in Gestapohaft.

Der Widerstandskämpfer Roman Karl Scholz (1912–1944)

ROMAN KARL SCHOLZ

(* 16. Januar 1912 in Mährisch Schönberg; † 10. Mai 1944 in Wien) war ein österreichischer Augustiner-Chorherr im Stift Klosterneuburg und Widerstandskämpfer gegen das Dritte Reich.

Nach anfänglicher Zuwendung wurde Scholz (Professor für Theologie und christliche Philosophie an der Ordensschule des Stifts Klosterneuburg) beim Nürnberger Reichsparteitag 1936 das Mördertum der NS radikal bewusst. Er gründete 1938 mit seinem Freund Viktor Reimann (nach 1945 leitender Redakteur der „Kronen Zeitung") die erste österreichische Widerstandsgruppe, deren Ziele die Aufklärung der Bevölkerung über das wahre Gesicht des Nationalsozialismus und in weiterer Folge der Sturz des Regimes, der Austritt der Donau- und Alpengaue aus dem Reich und die Wiedererrichtung eines Staates Österreich, der auch ganz Bayern bis zum Main miteinschließen sollte, waren. Zu dieser Gruppe gehörten auch Burgschauspieler. Einer von ihnen, Otto Hartmann, lieferte Scholz an die Gestapo aus, von der er als Spitzel eingeschleust worden war. Am 22. Juli 1940 wurde er verhaftet, es dauerte beinahe vier Jahre, bis ihm der Prozess gemacht wurde. Die letzten Worte von Scholz am 10. Mai 1944, 32-jährig, auf dem Schafott: „Für Christus und Österreich."

Sein Grab befindet sich auf dem Heiligenstädter Friedhof.

1950

1945
Ende des Zweiten Weltkriegs

1950
Die Rothschildgärten gehen als Schenkung an die Stadt Wien und im heutigen Heiligenstädter Park auf.

1955
Abschluss des Österreichischen Staatsvertrags und Abzug der letzten Besatzungsmächte

„Österreich ist frei. Prost!" Leopold Figl beim Heurigen Mayer am Pfarrplatz

DIE GÄSTEBÜCHER

Es ist eine liebgewordene, über Jahrzehnte gepflegte Tradition, dass prominente Gäste, aber auch Stammgäste und Einmalbesucher sich im Gästebuch eintragen. Das Blättern darin ist eine Zeitreise, die zum Schmunzeln anregt und auch eines zeigt: Die Welt gibt sich am Pfarrplatz stets ein Stelldichein.

15. Mai 1955: Außenminister Leopold Figl zeigt vom Balkon des Schloss Belvedere den unterzeichneten Staatsvertrag und verkündet der jubelnden Menge: „Österreich ist frei!"

Karikatur von Hanns Erich Köhler zu den Verhandlungen der österreichischen Delegation in Moskau im „Simplicissimus", 1955. (Figl:) „Und jetzt, Raab – jetzt noch d' Reblaus, dann sans waach!"

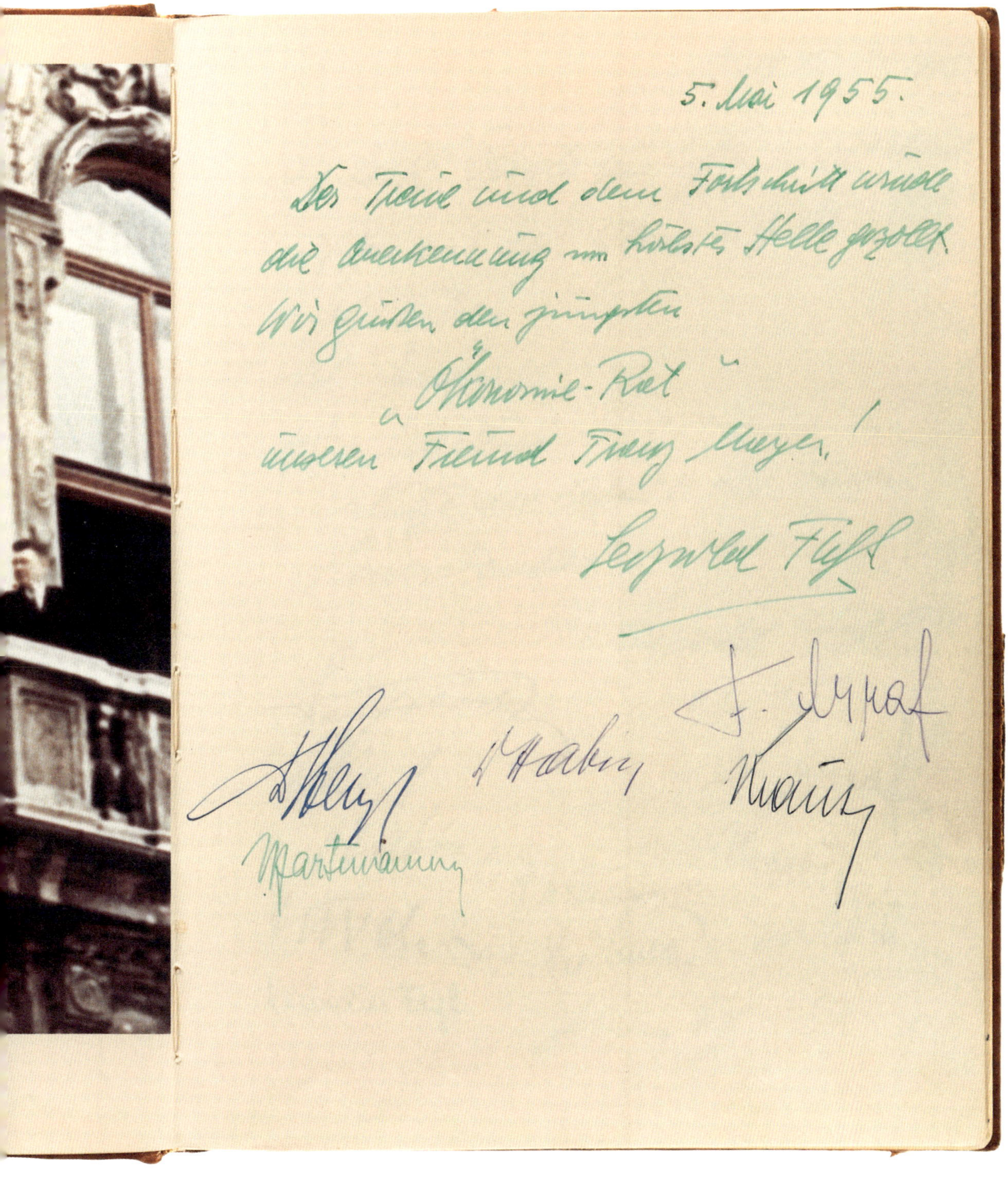

LEOPOLD FIGL Politiker

Leopold Figl (1902–1965) war der erste Bundeskanzler Österreichs nach dem 2. Weltkrieg und zeitgleich der erste Bundeskanzler einer demokratisch legitimierten österreichischen Bundesregierung seit 1934. Als Außenminister war er später an den Verhandlungen zum Österreichischen Staatsvertrag beteiligt, den er 1955 für Österreich unterzeichnete.

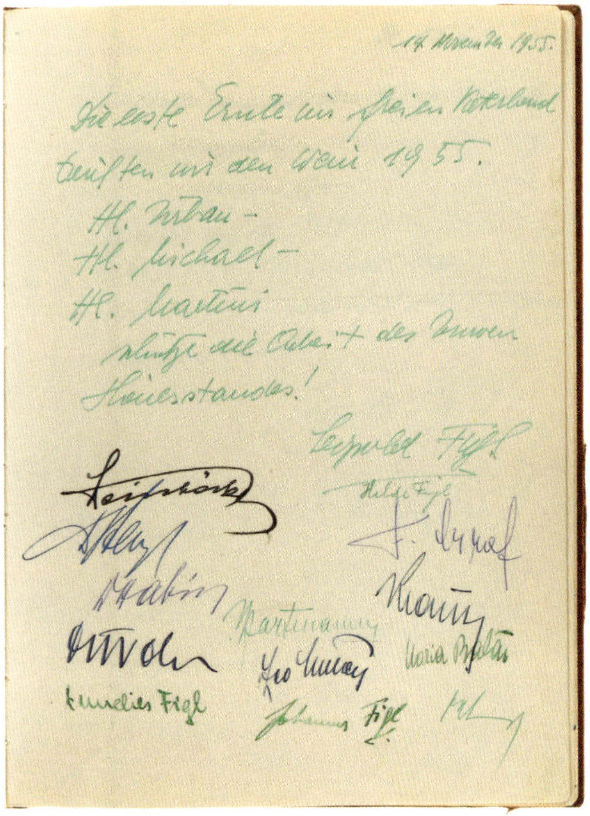
14. November 1955.

Die erste Ernte im freien Vaterland
tauften wir den Wein 1955.
Hl. Urban –
Hl. Michael –
Hl. Martin
schützt die Arbeit des braven
Hauerstandes!

Leopold Figl

Hilde Figl

Hartmann

Annelies Figl

Johannes Figl

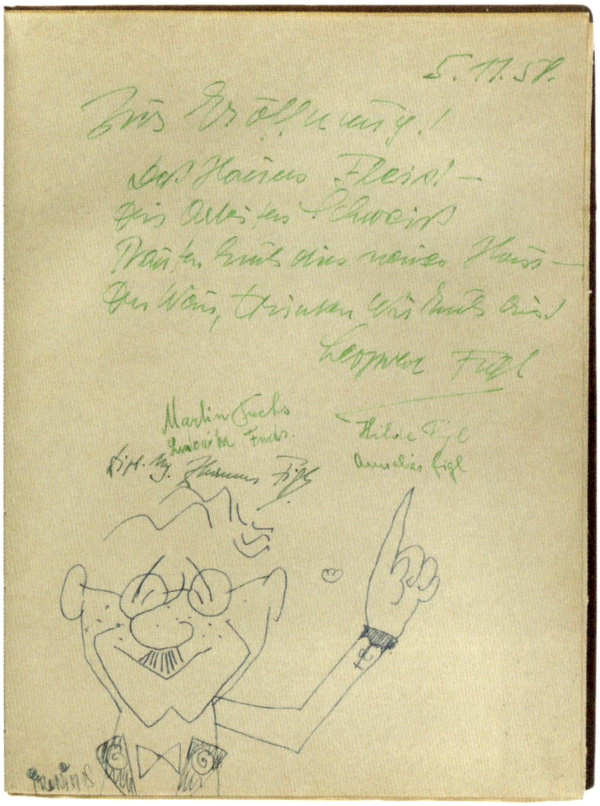
5. 11. 57.

Zur Eröffnung!
Des Hauses Fleiss –
Der Arbeiten Schweiss
Krönt heut dies neue Haus –
Den Wein trinken wir heut aus!

Leopold Figl

Martin Fuchs
Ludovika Fuchs
Dipl. Ing. Johannes Figl
Hilde Figl
Annelies Figl

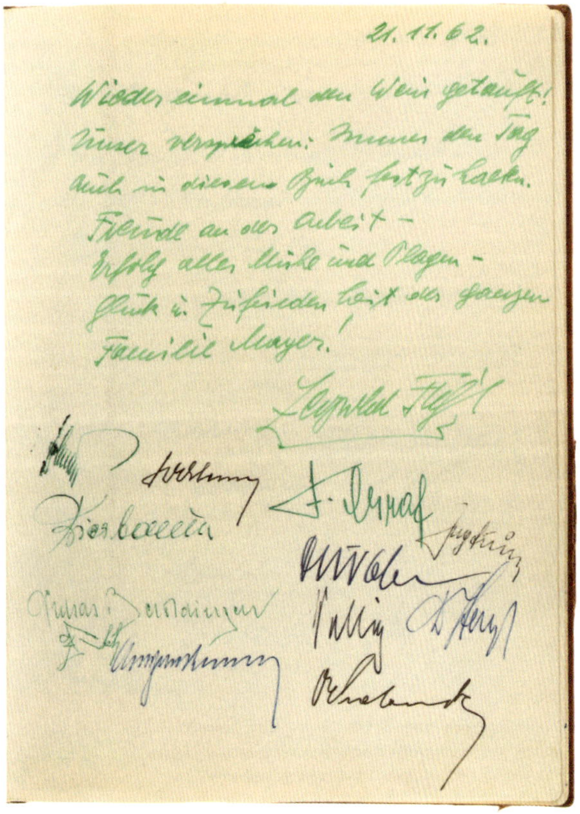
21. 11. 62.

Wieder einmal den Wein getauft!
Unser Versprechen: immer den Tag
auch in diesem Buch festzuhalten.
Freude an der Arbeit –
Erfolg aller Mühe und Plagen –
Glück u. Zufriedenheit der ganzen
Familie Mayer!

Leopold Figl

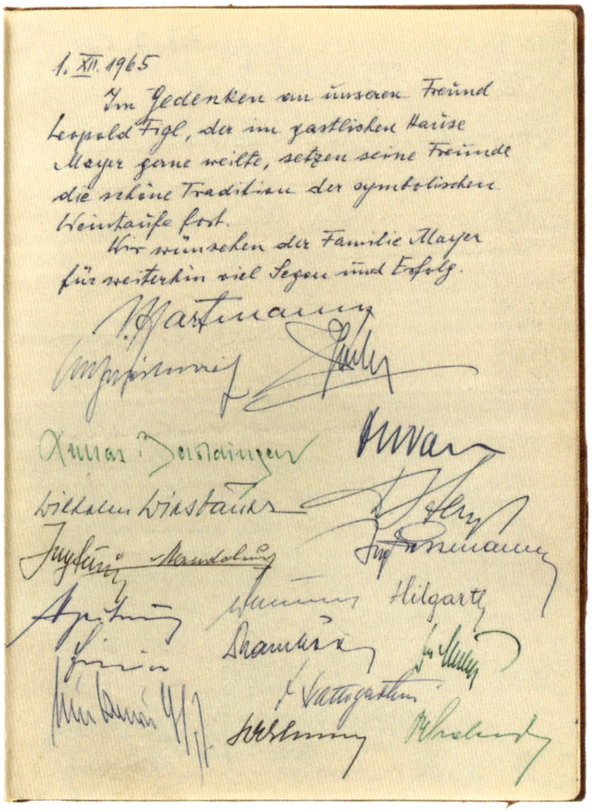
1. XII. 1965

Im Gedenken an unseren Freund
Leopold Figl, der im gastlichen Hause
Mayer gerne weilte, setzen seine Freunde
die schöne Tradition der symbolischen
Weintaufe fort.
Wir wünschen der Familie Mayer
für weiterhin viel Segen und Erfolg.

Hartmann

Wilhelm Wiesbauer

Hilgarth

Die Gedenktafel für Leopold Figl über dem nach dem treuen Stammgast benannten Tisch im Garten des Heurigen Mayer am Pfarrplatz

14. 11. 1955:
Leopold Figls Eintrag zur Taufe des Mayerschen Weines der ersten Ernte im „freien Vaterland"

5. 11. 1958:
Glückwunsch und Trinkspruch von Leopold Figl zur Wiedereröffnung des Hauses mit einer Karikatur von Gustav Peichl alias Ironimus

21. 11. 1962:
Leopold Figl wohnt, wie beinahe jedes Jahr, einer symbolischen Weintaufe im Hause Mayer bei und wünscht der Familie Glück und Zufriedenheit.

1. 12. 1965:
Eintrag zur Weintaufe im Todesjahr Leopold Figls im Angedenken an den Politiker und Freund des Hauses

Robert Stolz und seine Frau „Einzi“ mit Franz Mayer sen. (links) und Franz Mayer jun. (rechts) an ihrem Stammplatz im Garten des Heurigen

Robert Stolz war häufiger Gast beim Mayer am Pfarrplatz. Seinem Freund Franz Mayer sen. widmete er im Gästebuch eine Zeile aus „Im Prater blüh'n wieder die Bäume".

ROBERT STOLZ Komponist

Robert Elisabeth Stolz (1880–1975) war ein österreichischer Komponist und Dirigent. Er war Theaterkapellmeister in Brünn, Mannheim und Wien und trat an vielen Orten in Europa als Gastdirigent auf. 1938 emigrierte er nach Amerika und lebte in New York und Hollywood. 1950 kehrte er nach Wien zurück. Er schrieb über sechzig Operetten sowie zahlreiche Filmmusiken und Lieder, die heute zu Volksliedern geworden sind. Für die Operette „Im weißen Rössl" komponiert er die Lieder „Die ganze Welt ist himmelblau" und „Mein Liebeslied muss ein Walzer sein". Er gilt als letzter großer Meister der Wiener Operette.

In den 50er-Jahren gründete Philipp seinen eigenen Motorsport-Rennstall und war mehrmaliger österreichischer Staatsmeister in der GT-Klasse.

GUNTHER PHILIPP
Schauspieler, Sportler und Arzt

Gunther Philipp (1918–2003) war österreichischer Rekordhalter im 100-Meter-Brustschwimmen, Arzt, Schauspieler und Drehbuchautor. In den 1950er und 60er Jahren gehörte er zu den beliebtesten deutschsprachigen Schauspielern. Er spielte 147 Film- und Fernsehrollen, u.a. „Im weißen Rössl" sowie in Franz Antels „Kaiserwalzer" und „Kaisermanöver", außerdem war er in Ernst Marischkas „Die Deutschmeister" zu sehen.

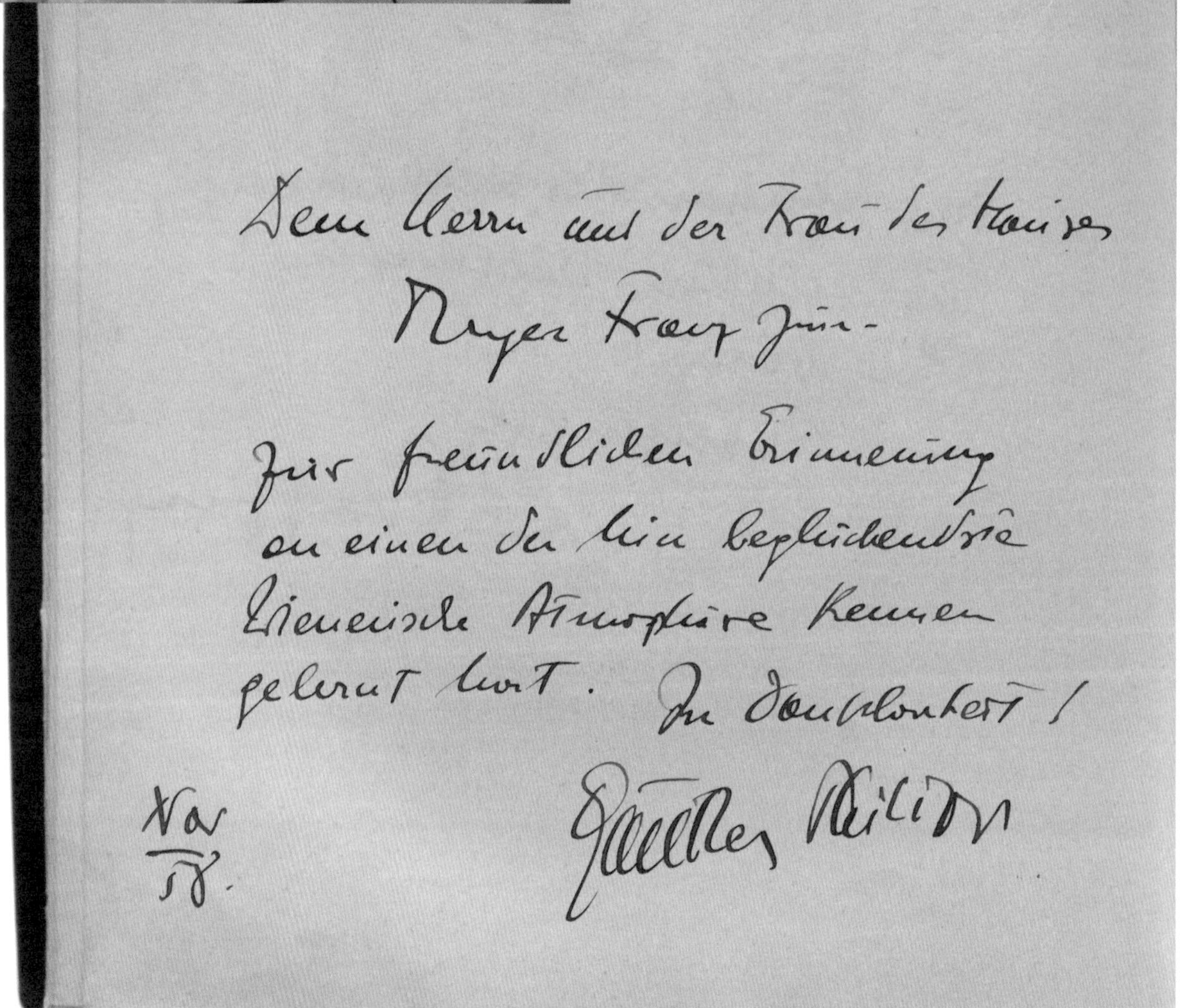

HEINZ RÜHMANN

Schauspieler

Heinz Wilhelm Rühmann (1902–1994) gehört zu den bekanntesten und beliebtesten deutschen Schauspielern des 20. Jahrhunderts. In mehr als sechzig Bühnen- und Filmjahren brillierte er in fast allen Rollen als der durchschnittliche, bescheidene kleine deutsche Mann im komisch-rührenden Kampf mit den absurden, aber durchschaubaren Tücken des Schicksals.

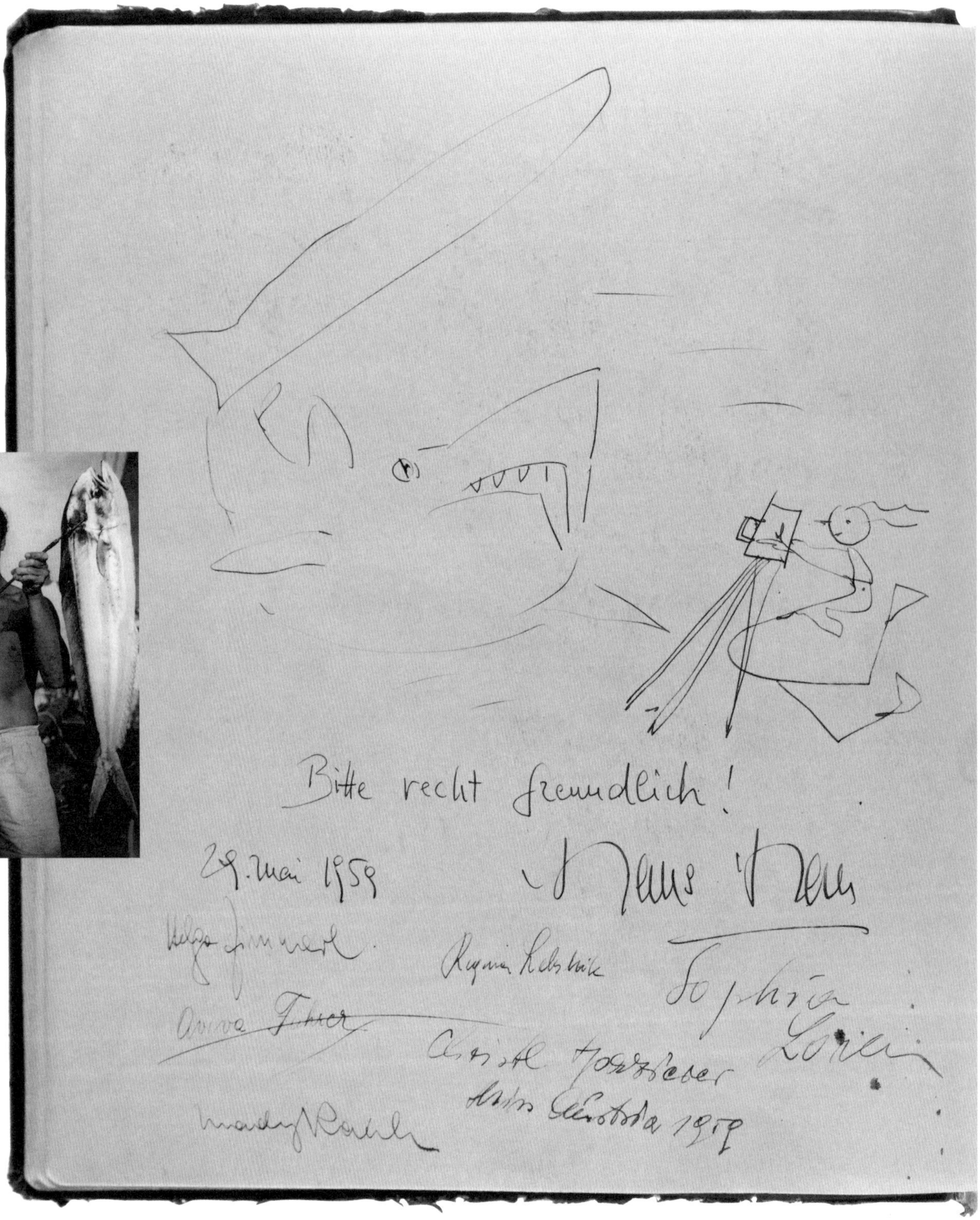

HANS HASS Meeresforscher, Dokumentarfilmer

Hans Heinrich Julius Hass (1919–2013) war ein österreichischer Zoologe und Meeresforscher sowie Begründer des Schwimmtauchens, der mit Unterwasserfotografie und vor allem mit seinen Dokumentarfilmen über Haie bekannt wurde.

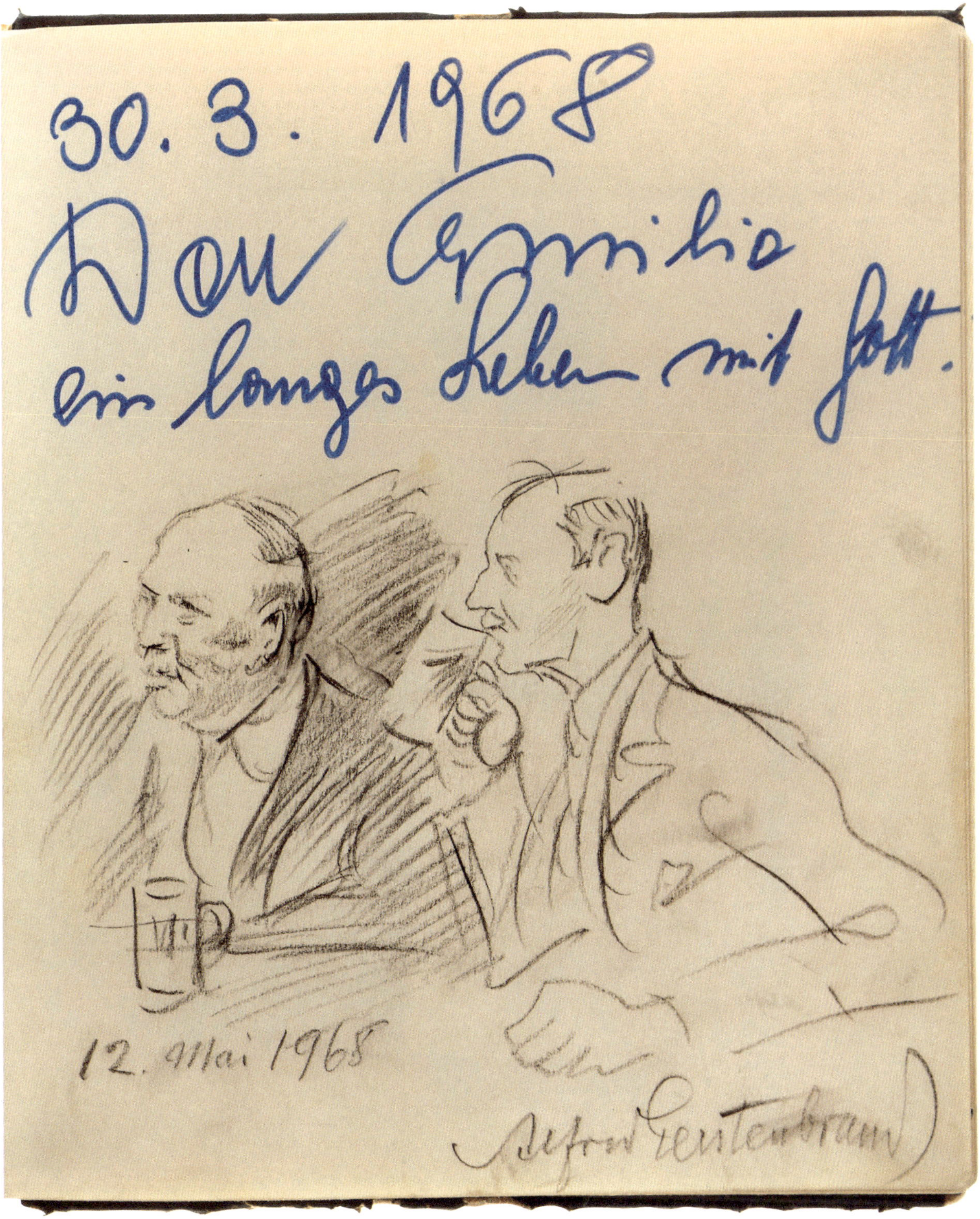

Am 12. Mai 1968 verewigte sich Alfred Gerstenbrand zeichnerisch in einem Selbstporträt mit Franz Mayer sen. im Gästebuch.

ALFRED GERSTENBRAND Maler, Grafiker

Alfred Gerstenbrand (1881–1977) war ein österreichischer Maler, Grafiker, Illustrator, Schriftsteller und Karikaturist. Er studierte an der Wiener Kunstgewerbeschule bei Felician Myrbach, Kolo Moser und Josef Hoffmann.

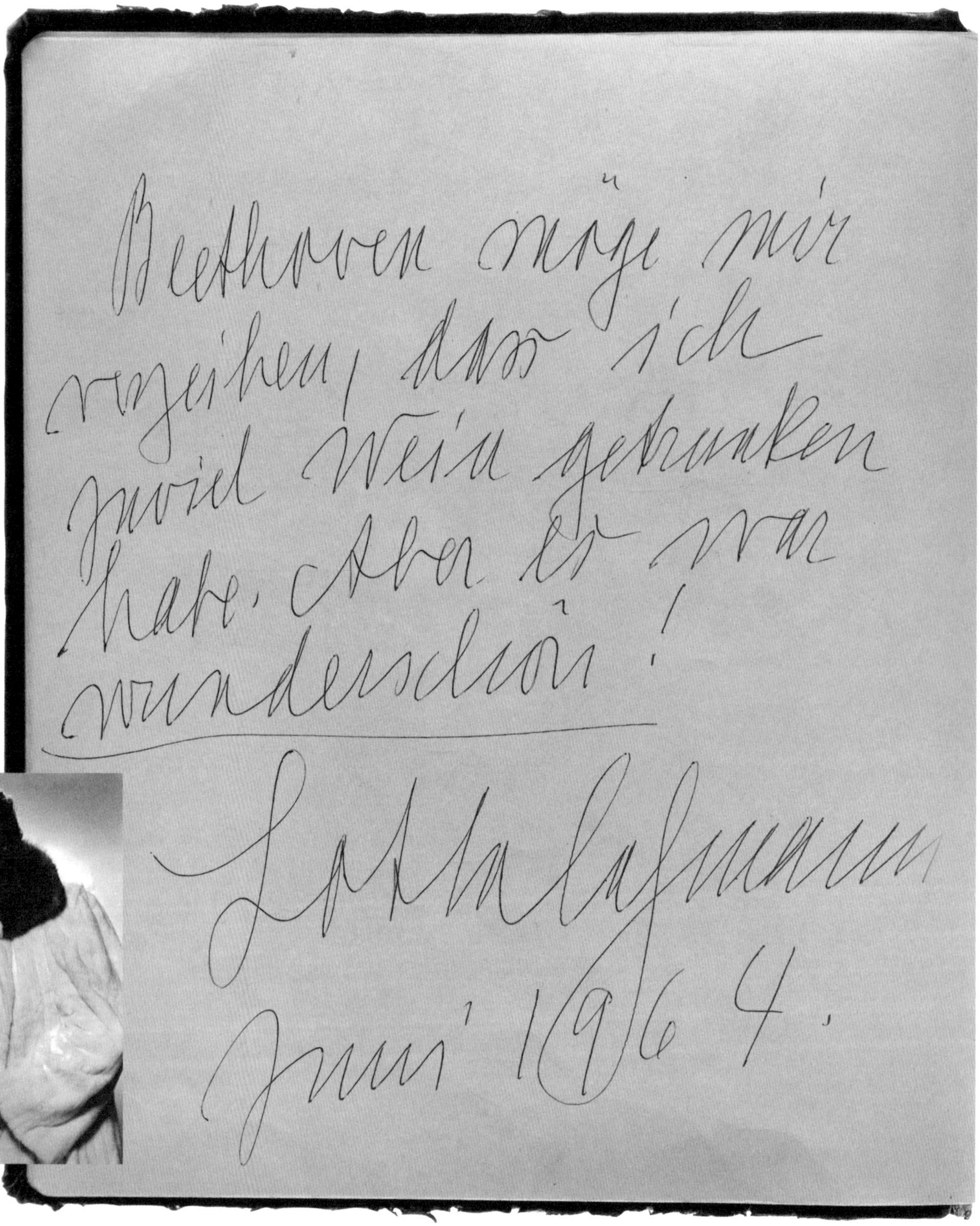

Beethoven möge mir verzeihen, dass ich zuviel Wein getrunken habe. Aber es war wunderschön!

Lotte Lehmann

Juni 1964.

LOTTE LEHMANN Sängerin

Lotte Lehmann (1888–1976) war eine deutsche und später US-amerikanische Opernsängerin. Sie gehörte zu den Weltstars ihrer Generation. Puccini, Toscanini und Caruso liebten ihre Stimme und ihr leidenschaftliches Bühnentemperament. Richard Strauss und Erich Wolfgang Korngold schrieben für sie Hauptrollen in ihren Opern.

Pawel Romanowitsch Popowitsch 1964 in prominenter Politrunde (rechts Leopold Figl und Bürgermeister Franz Jonas) beim Mayer am Pfarrplatz

PAWEL ROMANOWITSCH POPOWITSCH Kosmonaut

Pawel Romanowitsch Popowitsch (1930–2009) war ein sowjetischer Kosmonaut, der am ersten Gruppenflug im Weltall teilnahm. Popowitsch startete am 12. August 1962 mit Wostok 4 und landete nach drei Tagen im All wieder auf der Erde. 1974 startete er mit der Sojus 14 und verbrachte zwei Wochen an Bord der Raumstation. Er veröffentlichte mehrere Bücher und war Mitglied der sowjetischen Schriftstellervereinigung.

Gemeinsam mit Marika Kilius wurde Hans-Jürgen Bäumler sechsmal Europameister sowie zweimal Weltmeister im Eiskunstlauf.

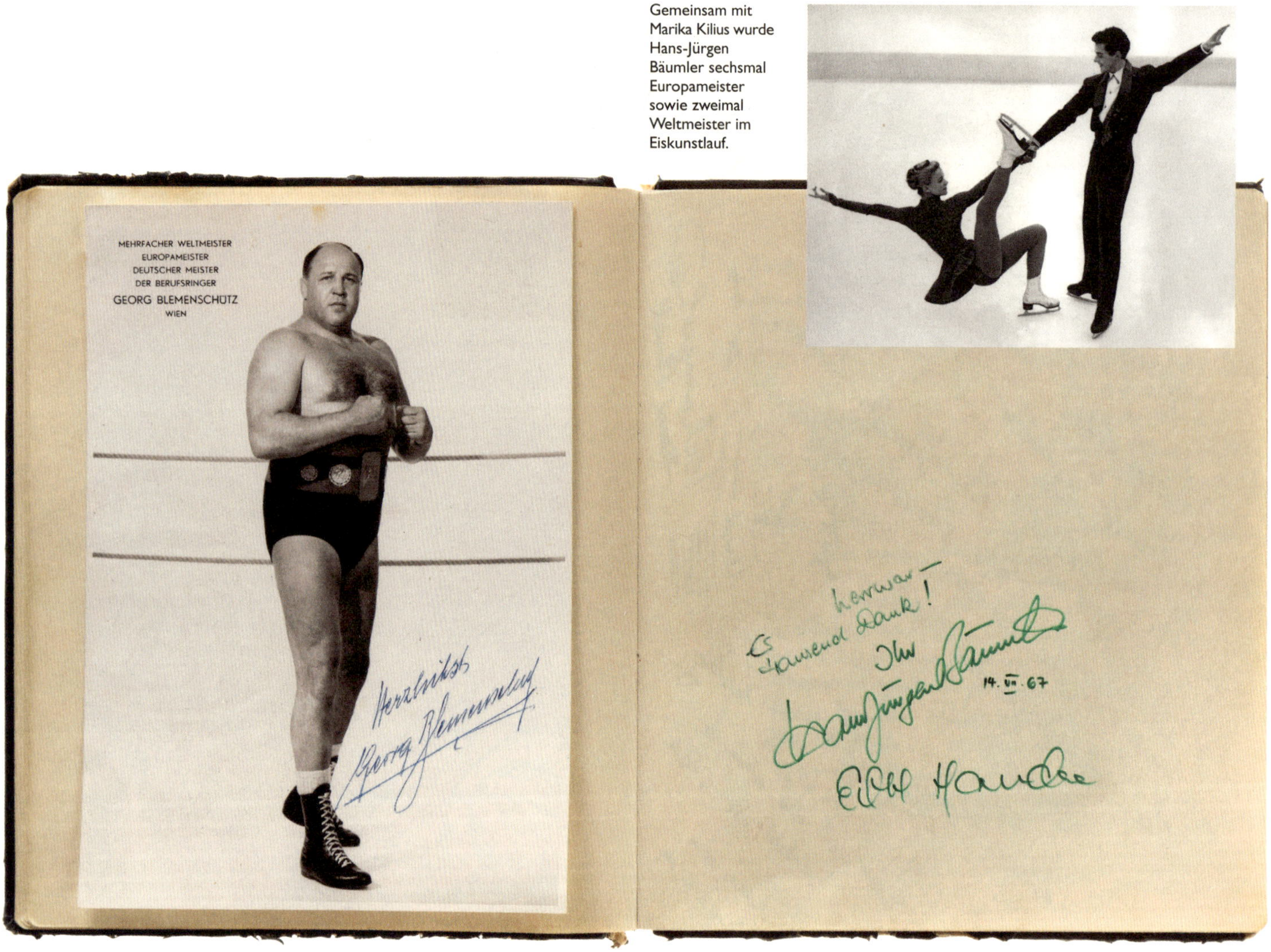

GEORG „SCHURL" BLEMENSCHÜTZ

Wiener Ringer-Legende

Über vier Jahrzehnte war „Schurl" Blemenschütz (1914–1990) alias „der Würger" als Promoter am Wiener Heumarkt tätig. Als Aktiver verteilte er seine „Ohrenreiberl" bis Anfang der 80er. Im Privatleben war er ein Sir und feinsinniger Kunstsammler. Blemenschütz galt noch im hohen Alter von siebzig Jahren als unbesiegbar, was ihm auch den Spitznamen „die Mumie vom Heumarkt" einbrachte.

HANS-JÜRGEN BÄUMLER

Eiskunstläufer, Schauspieler

Hans-Jürgen Bäumler (geb. 1942 in Dachau) ist ein ehemaliger deutscher Eiskunstläufer und heutiger Schauspieler. Nach seiner Karriere als Sportler war er außerdem Schlagersänger und Moderator.

Kessler-Twin: meist nur im Doppelpack, beim Mayer am Pfarrplatz solo zu Gast

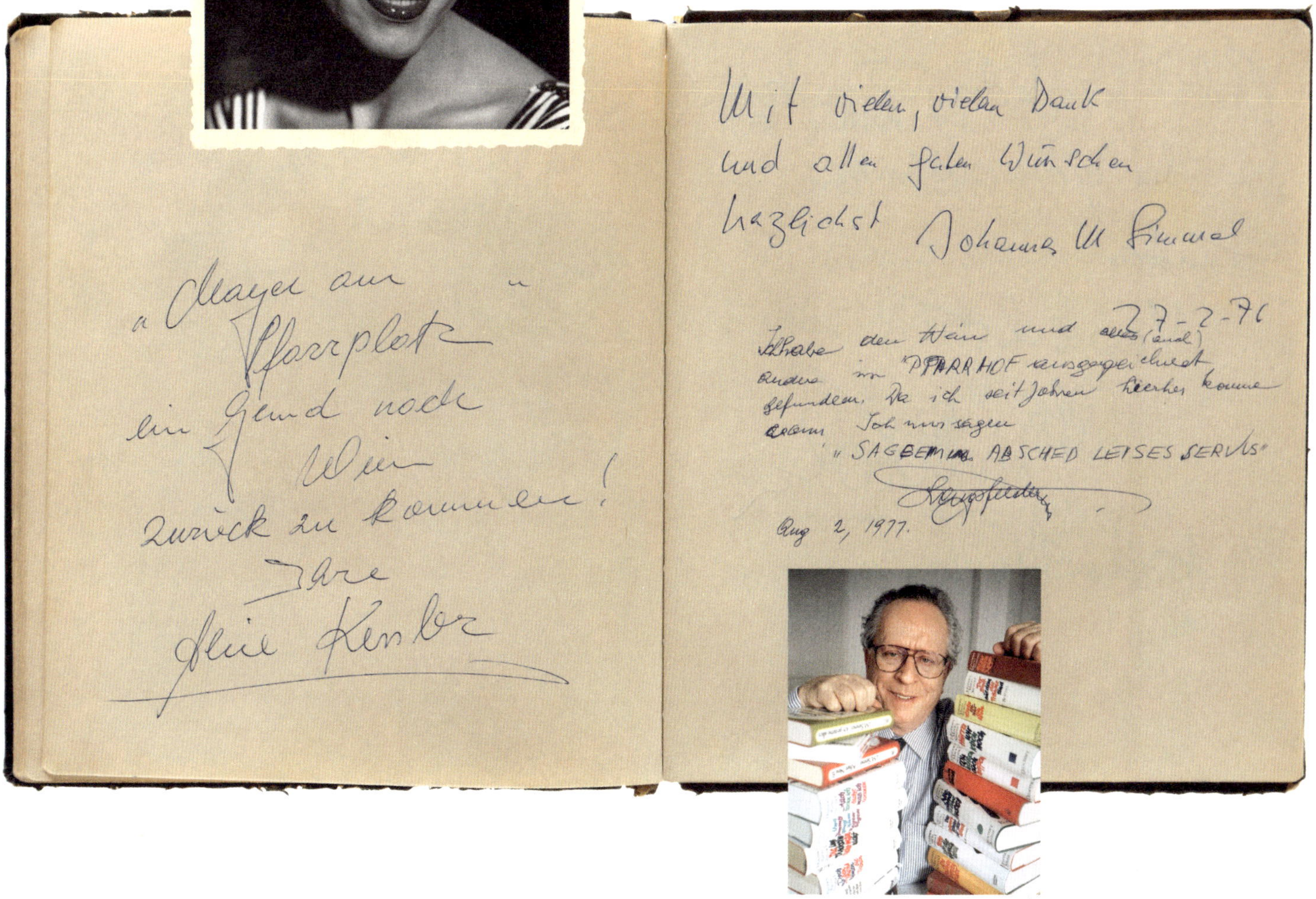

ALICE KESSLER

Sängerin, Tänzerin, Schauspielerin

Gemeinsam mit ihrer Zwillingsschwester Ellen trat Alice Kessler (geb. 1936 in Nerchau) als Sängerin, Tänzerin, Schauspielerin und Entertainerin auf. Lange Zeit galten die Kessler-Zwillinge als „die schönsten Frauen der Welt".

JOHANNES MARIO SIMMEL

Schriftsteller

Johannes Mario Simmel (1924–2009) war ein österreichischer Schriftsteller. Er gehört zu den meistgelesenen Autoren im deutschsprachigen Raum. 1949 erschien sein erster Roman „Mich wundert, dass ich so fröhlich bin", sein größter Erfolg war der Bestseller „Es muss nicht immer Kaviar sein", und mit „Doch mit den Clowns kamen die Tränen" (1987) fand er auch die Anerkennung der Literaturkritik.

IVAN REBROFF Sänger, Bass

Ivan Rebroff (1931–2008) war ein deutscher Sänger, der dank des Einsatzes der Falsettstimme einen Stimmumfang von mehr als vier Oktaven besaß. Sein Markenzeichen war die russische Pelzmütze, ohne die er die Bühne niemals betrat. Russische Folklore war sein Spezialgebiet; „Wenn ich einmal reich wär'", das Lied des Milchmanns Tevje aus dem Musical „Anatevka", machte ihn 1968 schlagartig rund um den Globus berühmt. Er war der bekannteste „deutsche Russe" der Welt.

DEM „HEURIGEN"
MAYER- AM
PFARR PLATZ
IN. HEILIGENSTADT
ZUR. BLEIBENDEN
ERINNERUNG. AN
MEINEN. „ERSTEN-
BESUCH. ~~DEM~~ „HEURIGEN
MAYER!
RESUMÉE: ES. WAR
WUNDERVOLL!!!
WER NICHT LIEBT. WEIN,
WEIB. UND GESANG,
DER. BLEIBT. EIN NARR
SEIN. LEBEN. LANG!!!
STUNDEN-DIE-GUT. DAHINGEHEN-
KOMMEN-NIEMALS=SCHLECHT WIEDER
19. NOV. 1971
~~DER. EINZIGE. „RENNLEITER~~
VON „MERCEDES-~~BENZ~~ = 1923–1911
ANLÄSSLICH DER JOCHEN RINDTSHOW 1971
Alice Caracciola

Anlässlich der Jochen-Rindt-Show 1971 mit Alice Caracciola, der Witwe von Mercedes-Renngröße Rudolf Caracciola, beim Mayer am Pfarrplatz

ALFRED NEUBAUER Rennleiter

Alfred Neubauer (1891–1980) war von 1926 bis 1955 erfolgreicher Rennleiter des Mercedes-Benz-Grand-Prix-Teams. Neubauers Anteil an den Mercedes-Erfolgen in der Silberpfeil-Ära bestand nicht nur in seinem taktischen Geschick, sondern auch in dem perfektionistischen, fast militärischen Drill der Mechaniker-Crew, der dem Team immer einen Zeitvorteil gegenüber der Konkurrenz verschaffte.

1964, 1979 und 1980 war Pierre Brice zu Gast beim Mayer am Pfarrplatz.

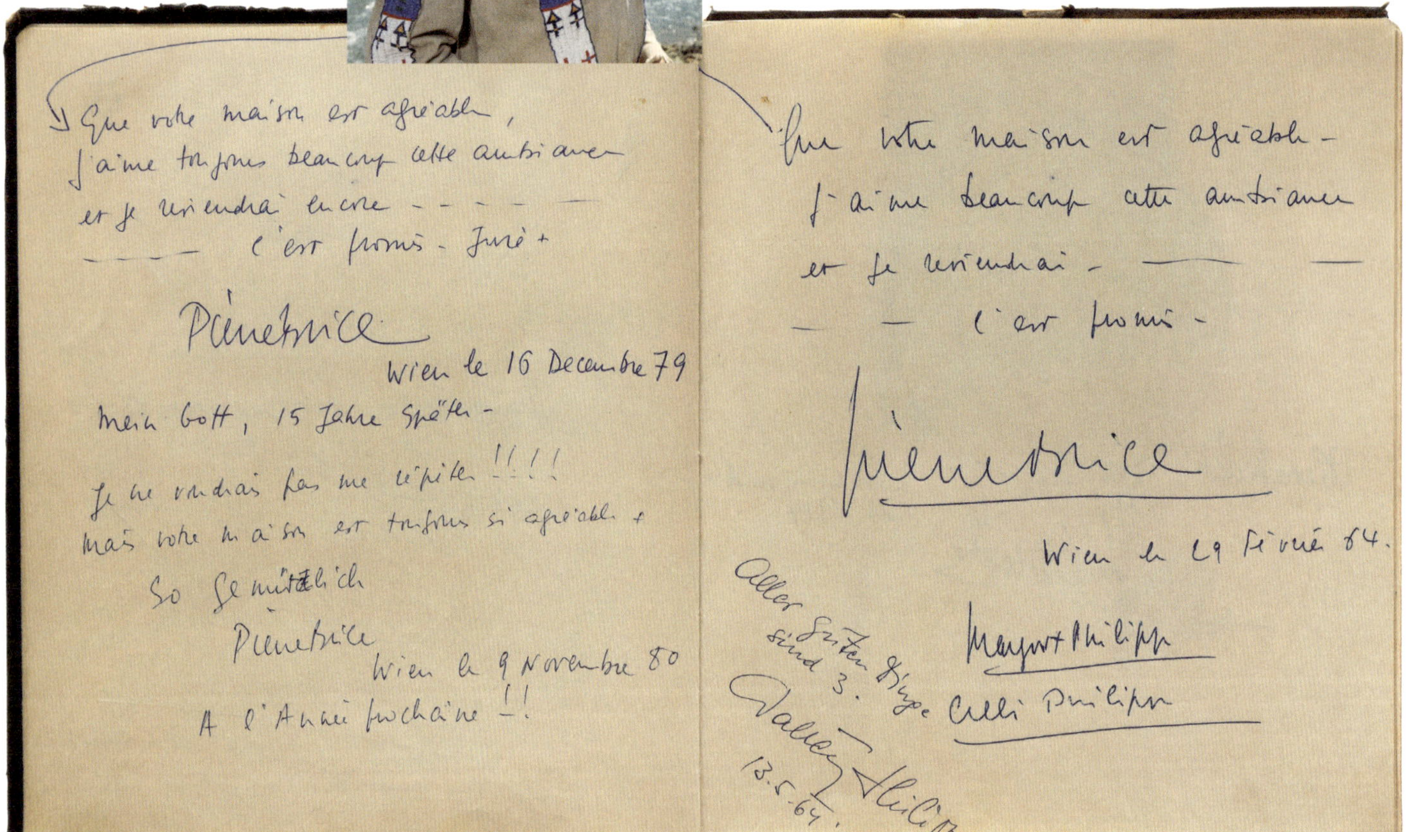

PIERRE BRICE Filmschauspieler, „Winnetou"

Pierre Brice (1929–2015) war ein französischer Schauspieler, der vor allem durch die Darstellung des Winnetou in den Karl-May-Verfilmungen der 60er-Jahre bekannt wurde. Brice spielte die Rolle insgesamt elfmal. Sein Filmtod löste eine Protestwelle aus, die den Produzenten dazu veranlasste, sofort mit den Dreharbeiten zu einem anderen Film zu beginnen, der den beliebtesten Indianer der Bundesrepublik wiederauferstehen ließ.

RUDOLF SCHOCK Sänger

Rudolf Schock (1915–1986) war ein deutscher Opern-, Lied- und Operettensänger. Er gilt als einer der größten Tenöre der zweiten Hälfte des 20. Jahrhunderts. Zu seiner Tenorstimme mit ihrem fast italienischen Timbre, der großen Höhe und dem verführerischen Klang beim Mezzavoce-Singen kommt seine Vielseitigkeit: Er soll 75 Partien auf der Bühne und auf LPs gesungen haben.

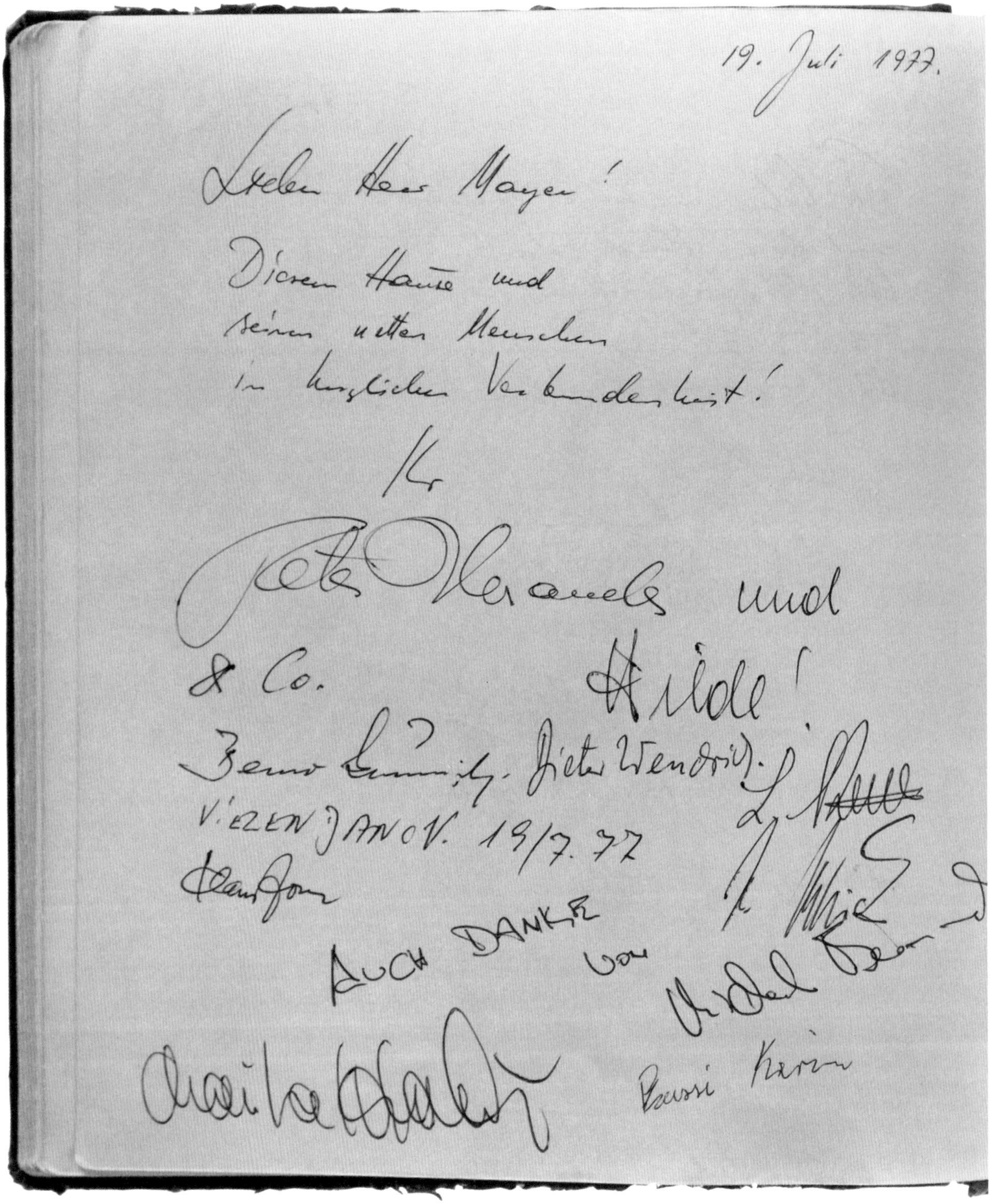

PETER ALEXANDER UND HILDE Sänger, Schauspieler

Peter Alexander (1926–2011), eigentlich Peter Alexander Ferdinand Maximilian Neumayer, war ein österreichischer Sänger, Schauspieler und Entertainer. Mitte der 50er bis Mitte der 90er Jahre gehörte er zu den populärsten Unterhaltungskünstlern im deutschsprachigen Raum. Mit seiner Frau Hilde (1922–2003) war Peter Alexander 51 Jahre verheiratet. Sie verzichtete auf ihre eigene Schauspielkarriere, um ihren Mann zu managen.

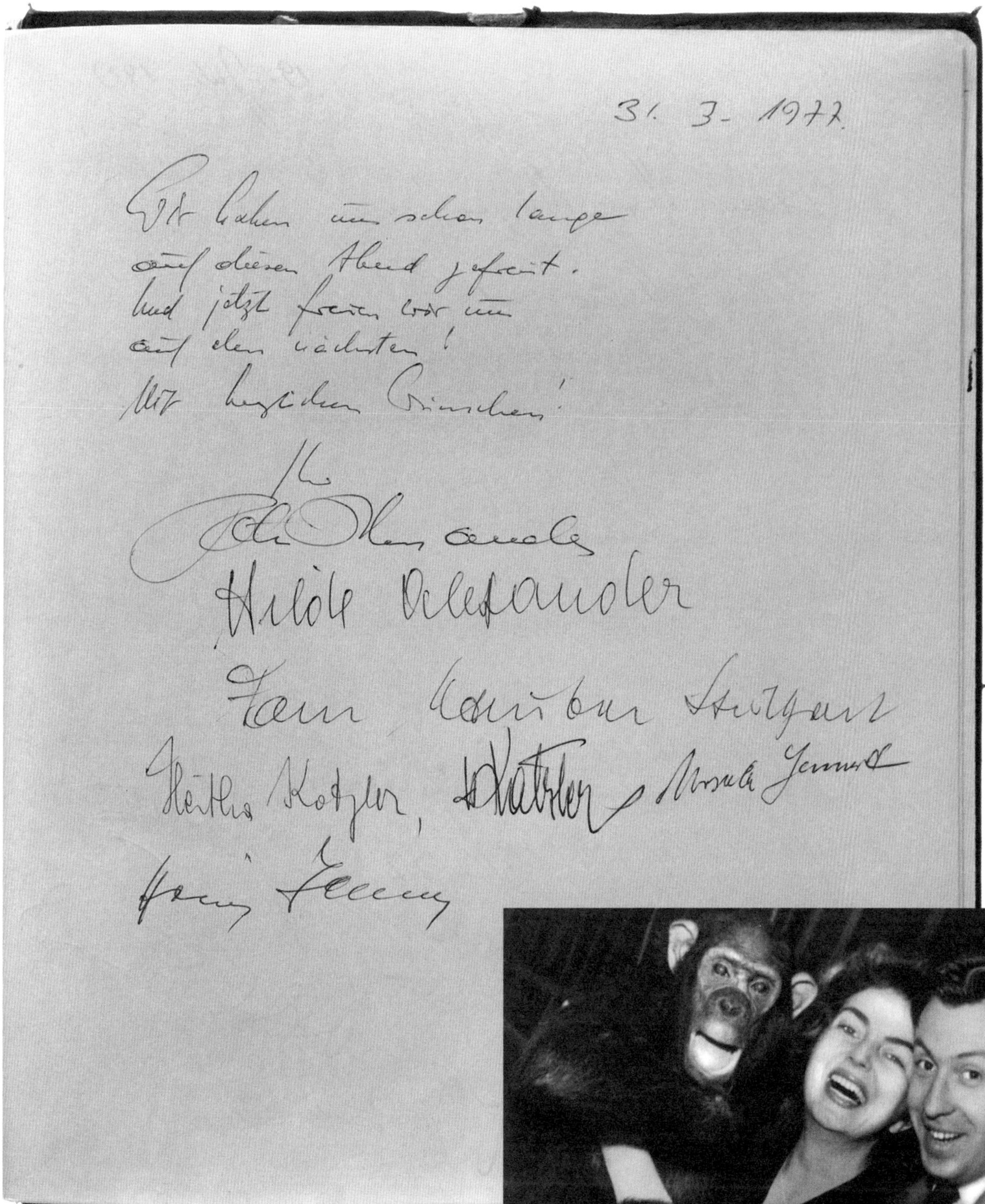

31. 3. 1977.

Wir haben uns schon lange
auf diesen Abend gefreut.
Und jetzt freuen wir uns
auf den nächsten!
Mit herzlichen Grüßen!

Ihr
Peter Alexander
Hilde Alexander

Peter Alexander über die Liebe seines Lebens, seine Frau Hilde: „Sie war das Geheimnis meines Erfolges.“

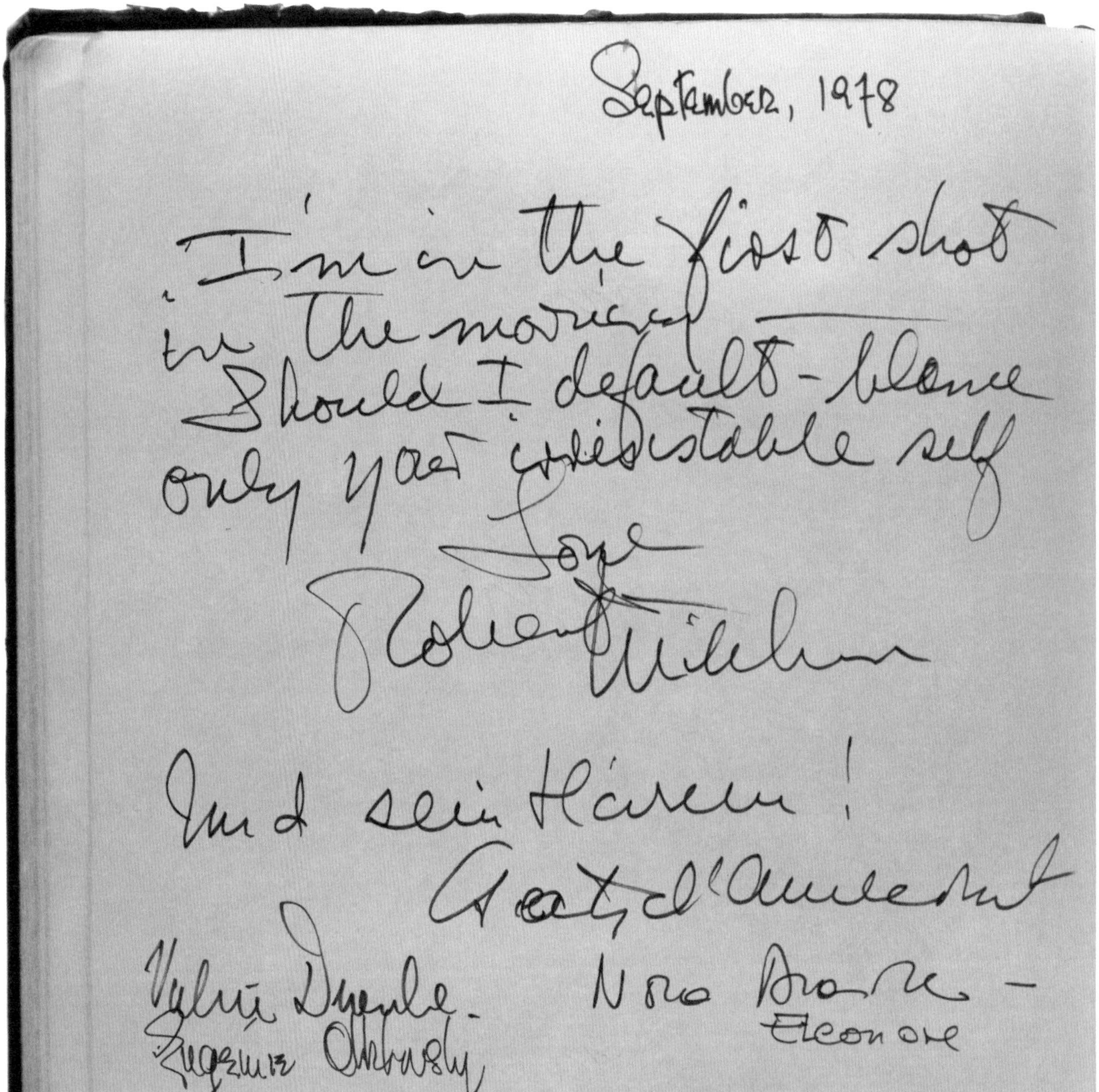

„Ich habe nur zwei Schauspielstile: mit Pferd und ohne.“
Robert Mitchum

Robert Mitchum mit seinem „Harem“ zu Gast beim Mayer am Pfarrplatz, September 1978

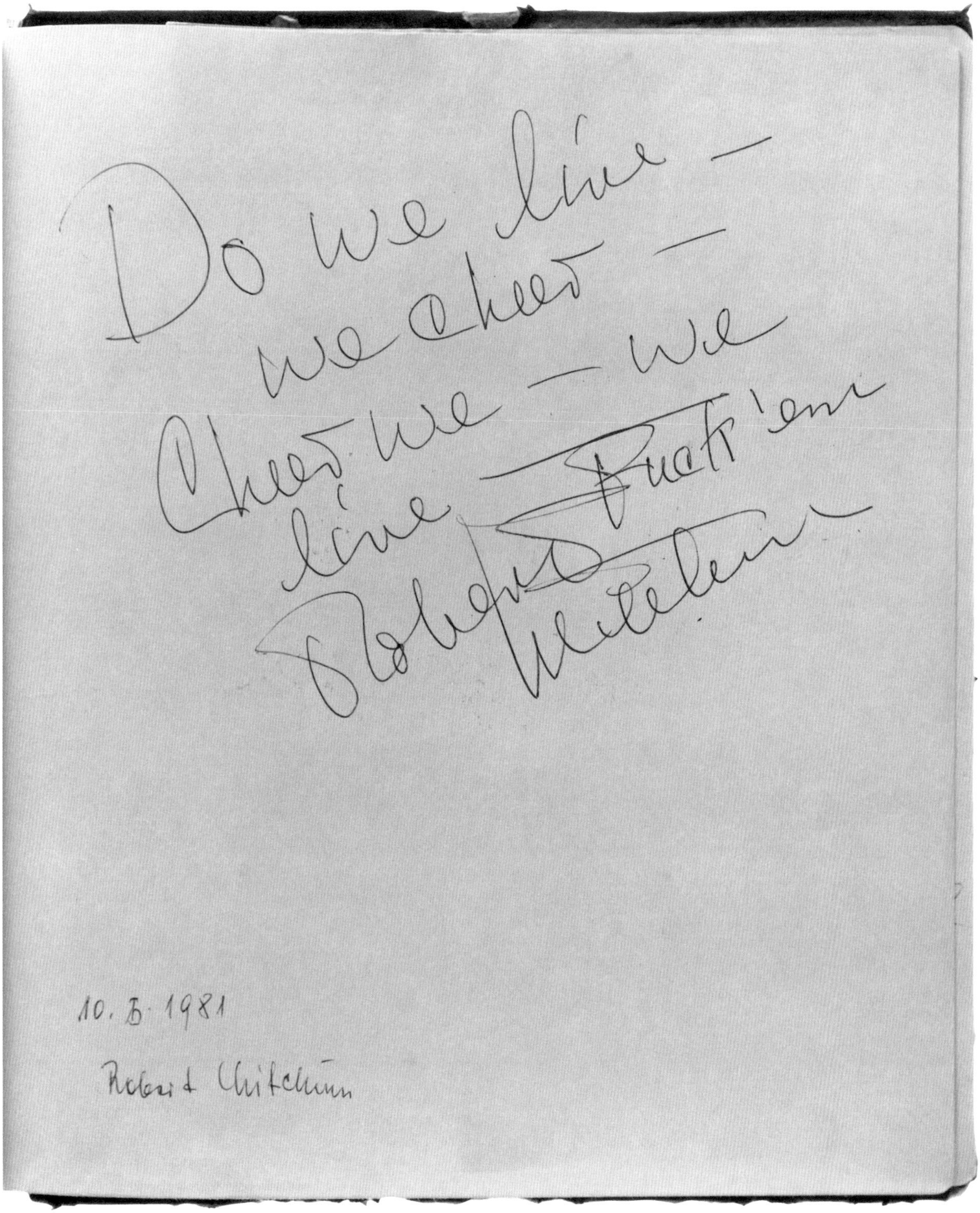

ROBERT MITCHUM Schauspieler

Robert Mitchum (1917–1997) war ein US-amerikanischer Schauspieler. Zwischen 1945 und 1970 zählte er zu den populärsten Hollywood-Schauspielern und erlangte mit seinem betont lässigen, zynischen, minimalistisch-lakonischen Darstellungsstil Kultstatus in dieser Ära.

Helmut Zilk und Dagmar Koller waren Stammgäste beim Mayer am Pfarrplatz, im Bild mit Franz Mayer jun.

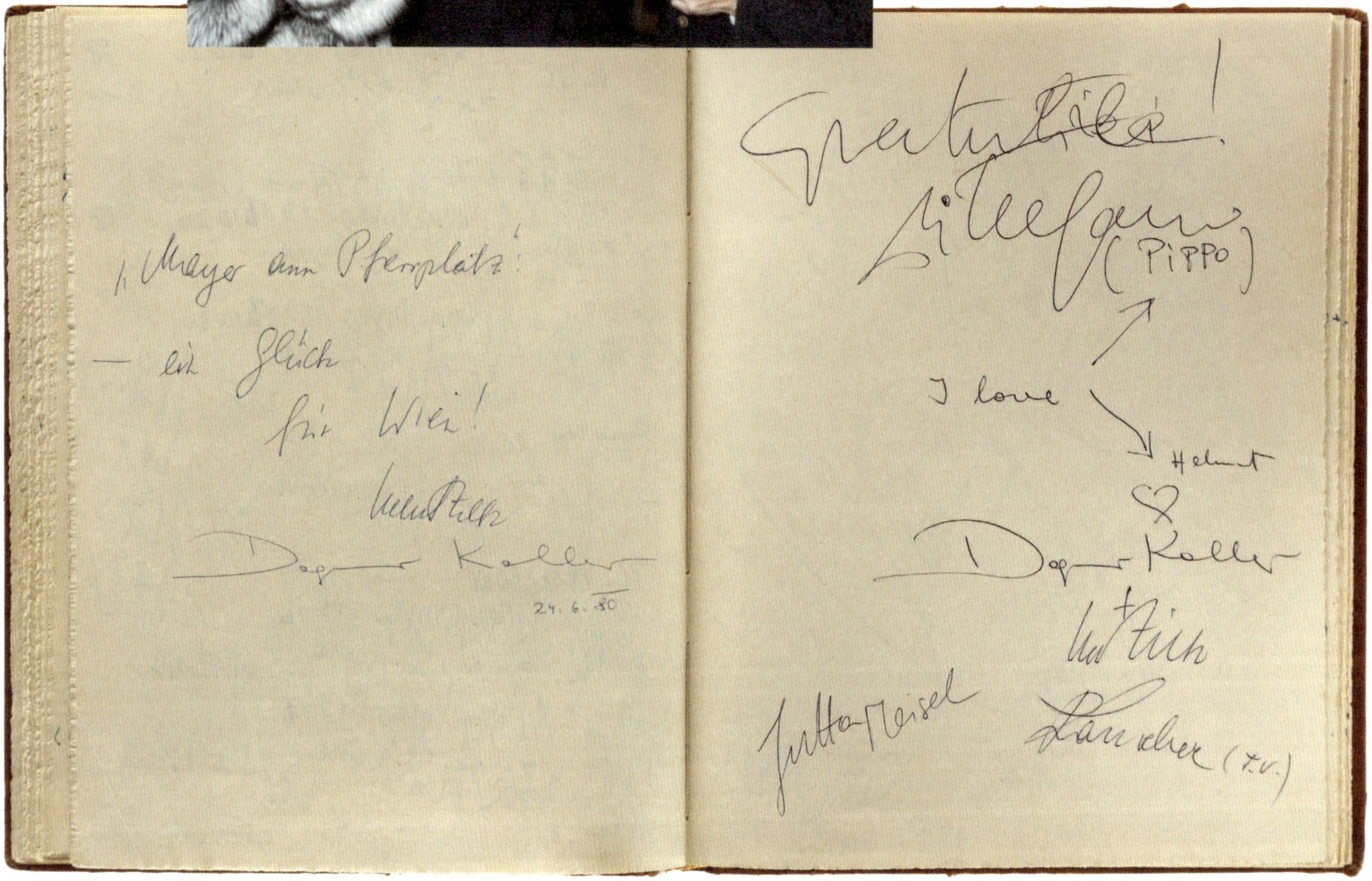

HELMUT ZILK UND DAGMAR KOLLER Politiker und Sängerin

Helmut Zilk (1927–2008) war von 1983 bis 1984 Unterrichtsminister und von 1984 bis 1994 Bürgermeister der Stadt Wien. Seine Frau Dagmar Koller, Sängerin, Tänzerin und Schauspielerin, feierte große Erfolge in Musicals und Operetten.

„Mei Leb'n is mei Leb'n und mei Leb'n ghead mia."
Georg Danzer

GEORG DANZER
Liedermacher

Georg Franz Danzer (1946–2007) war ein österreichischer Liedermacher und ein Pionier des Austropop. Er war sowohl als Solokünstler als auch später in der Formation Austria 3 mit Wolfgang Ambros und Rainhard Fendrich erfolgreich.

WATERLOO & ROBINSON
Pop-Duo

Waterloo & Robinson sind ein österreichisches Pop-Duo, bestehend aus Hans Kreuzmayr und Josef Krassnitzer. 1976 vertrat es Österreich mit „My Little World" beim Eurovision Song Contest und belegte Platz 5.

Herr Jürgens, wie viele Flaschen Whisky trinken sie täglich? „Ich glaube, höchstens eine am Tag.“

CURD JÜRGENS Schauspieler

Curd Gustav Andreas Gottlieb Franz Jürgens (1915–1982) war ein deutsch-österreichischer Bühnen- und Filmschauspieler von Weltformat. Von 1973 bis 1977 stellte er den „Jedermann“ bei den Salzburger Festspielen dar. Curd Jürgens Film- und Bühnencharaktere sind unvergesslich, da er immer nur sich selbst spielte. Ob seiner kühlen Präsenz erhielt er von Brigitte Bardot den Beinamen „der normannische Schrank“. Er stand auf Platz zwei der „Liste der Männer mit dem größten Sexappeal“ und konnte nach eigenen Angaben „auf alles verzichten, nur auf Luxus nicht“.

ANDRÉ HELLER
Künstler

André Heller (geb. 1947 in Wien) ist ein österreichischer Chansonnier, Aktionskünstler, Kulturmanager, Dichter, Autor und Schauspieler. Er zählt zu den prominentesten Künstlern Österreichs.

ELIETTE KARAJAN
Kunstmäzenin, Dirigentenwitwe

Sie war Fotomodell, als sie 1957 Herbert von Karajan kennenlernte, den sie 1958 heiratete. Fortan führte sie an seiner Seite ein Jetset-Leben in den erlauchtesten Kreisen. Nach seinem Tod gründete sie das Eliette und Herbert von Karajan Institut, das sich der Pflege des Vermächtnisses ihres Mannes und der Kunstförderung widmet.

ROMAN SCHLIESSER
Gesellschaftsreporter
Mit der Welt auf Du und Du: „Adabei" Roman Schliesser (1931–2015) war von 1966 bis 1996 Society-Reporter bei der „Kronen Zeitung". Er war für seine Scharfzüngigkeit bekannt, vielgelesen aber auch viel gefürchtet. Der „Menschenreporter", wie er sich selbst nannte, wechselte danach zum „Kurier freizeit", wo er über sein „aufregendes Leben in der Society" berichtete. Im Alter von 75 Jahren zog er sich mit den Worten: „Die heutige Szene ist nicht mehr meine Welt", ins Privatleben zurück.

Dienstag, 21. September 1982

Adabei

Halleluja! Es ist eine großartige Nacht", schmetterte der Maestro und hob sein Vierterl: „To no more conducting – darauf, daß ich nicht mehr dirigiere ..." Und dann dirigierte er doch gleich wieder. Aber nur die Heurigenmusik beim Mayer am Pfarrplatz, wo Stardirigent Leonard „Lenny" Bernstein Sonntag abend mit Freunden den Abschied vom Taktstock – für ein Jahr – zelebrierte.

Im flatternden schwarzen Cape mit rotem Futter, einem weißen Seidenschal flott um den Hals geschwungen, war der Maestro gleich nach seinem umjubelten Brahms-Konzert im Großen Saal des Wiener Konzerthauses nach Heiligenstadt zum Heurigenbüfett gekommen: „Das kommt davon, wenn man Karajans Chauffeur kriegt", spöttelte „Lenny", „der führt einen zu den falschen Plätzen .." Aber das war eine Berliner Geschichte ...

Wie immer hatte der Stardirigent seine ganze technische Crew – das Konzert wurde von Unitel fürs Fernsehen aufgenommen und für Platte mitgeschnitten – im Schlepptau. Seinen persönlichen Manager, Harry Kraut, der noch länger gearbeitet hatte, empfing er mit Applaus: „Den verdient er sich ..."

SCHEIN

Mit von der Partie: Wiener Freunde von Rechtsanwalt Dr. Friedrich Willheim bis Susannne Baumgärtel, der Seele des Wiener Konzerthauses, die Bernstein seit 13 Jahren kennt, sowie Medina Ricordi, Chefin des größten italienischen Musikverlages, wo von Verdi bis zu Maestro Bernstein „alles, was gut und teuer ist", verlegt wird.

Mit Medina und ihrem feschen Sohn war „Lenny" nachmittags im Wiener Prater gewesen: „So ein prächtiger Tag wie im Hochsommer", schwärmte mir Maestro Bernstein vor, während ihm die Heurigenmusik „Ein Glaserl mit an Hengl" ins Ohr geigte, „ich habe es genossen, auch wenn die berühmten Kastanienbäume im Prater schon ein bißl herbstlich sind. Die Familien, die da gemütlich spazierten. Seit zehn Jahren hab' ich so was nicht mehr getan."

Es war ein langer Tag für ihn: „Nicht einmal Zeit für ein Mittagsschlaferl vor dem Konzert war."

Aber der Wien-Fan, der jetzt ein Jahr lang nur komponieren will, war dennoch aufgekratzt. Er dirigierte, sang mit, küßte, versprühte herzlichen Charme und wünschte sich: „Rosen aus dem Süden." Es hörte sich dann wie „Aba grebelt muaß a sein" an. Es war „Aba grebelt ..."

Als Maestro Lenny kurz vor ein Uhr nacht den idyllischen Heurigengarten am Pfarrplatz verließ, da war's wie eine Szene aus der „Fledermaus". Mit seinem schwarzen Cape und dem weißen Seidenschal hätt' er glatt einen Herrn von Eisenstein abgegeben. Es hat ihm nur noch das Monokel gefehlt ...

LEONARD BERNSTEIN

Komponist, Dirigent

Leonard Bernstein (1918–1990) war ein US-amerikanischer Komponist, Dirigent und Pianist ukrainisch-jüdischer Abstammung. Er gilt als einer der größten Dirigenten des 20. Jahrhunderts. Weltweit dirigierte er alle großen Orchester und trat in den bedeutendsten Opernhäusern auf. Er zählte zu den bedeutendsten Musikpädagogen der USA. Zu seinem Gesamtwerk gehören neben Operetten, Symphonien und Opern auch Filmmusiken. Sein bekanntestes Musical-Werk ist die „West Side Story“.

RICHARD CLAYDERMAN
Pianist

Richard Clayderman (geb. 1953 in Paris) ist ein französischer Pianist. Bekannt wurde er v.a. mit dem Stück „Ballade pour Adeline" und seiner Interpretation von Beethovens „Elise". Mit der für ihn komponierten Musik konnte er sich als Vertreter der populären Klassik etablierten und ist im Unterhaltungsbereich sehr erfolgreich.

WILLY MILLOWITSCH
Schauspieler

Willy Millowitsch (1909–1999) war ein deutscher Theater- und einer der bekanntesten Kölner Volksschauspieler. Er war Leiter des privaten Kölner Millowitsch-Theaters, von wo 1953 der damalige NWDR mit dem Stück „Der Etappenhase" die erste Liveübertragung aus einem deutschen Theater sendete.

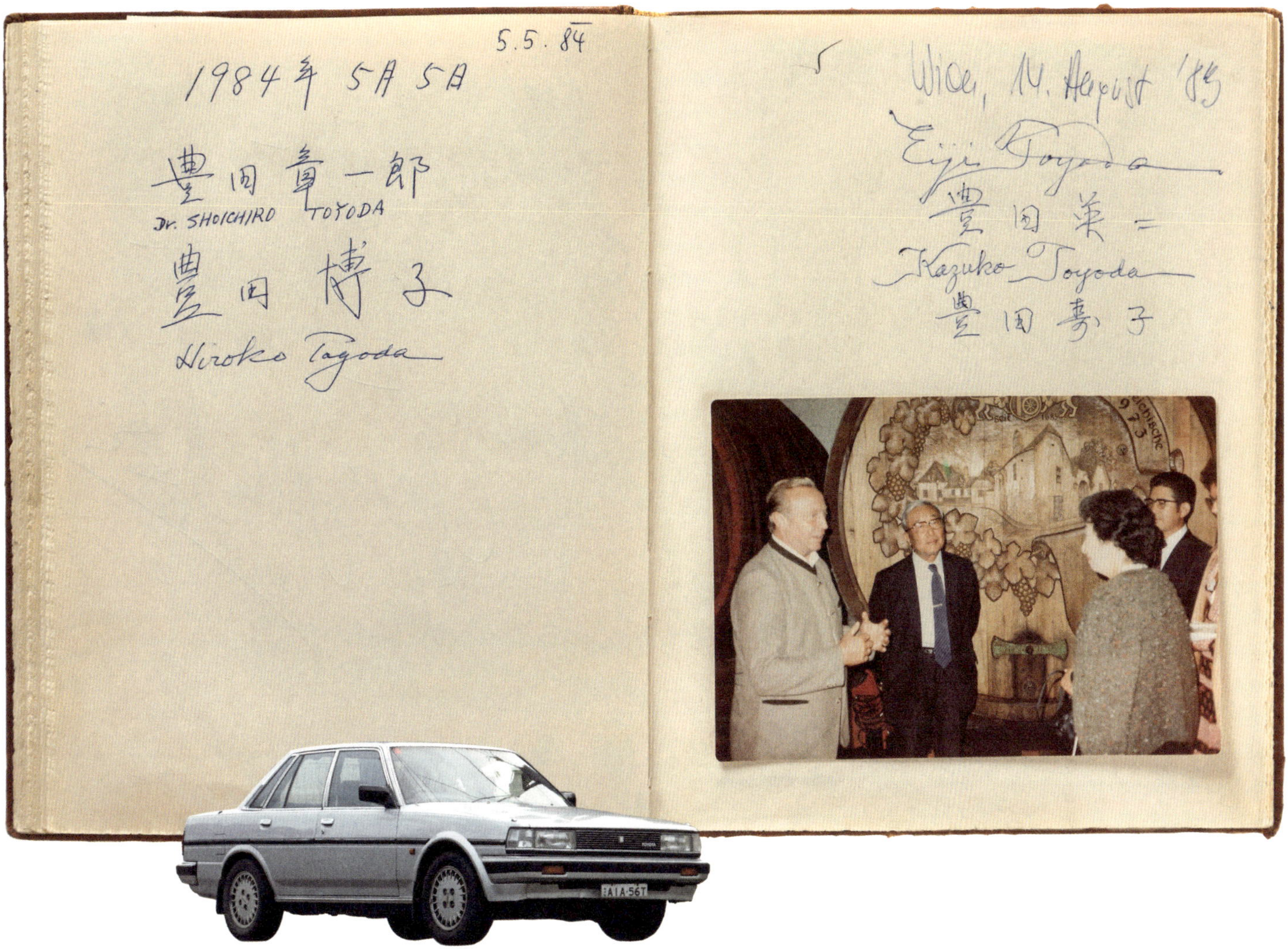

Die Toyota Motor Corporation, gegründet 1867 mit Sitz in Japan, ist derzeit (2016) der größte Automobilhersteller der Welt.

EIJI & KAZUKO TOYODA

Manager

Toyoda Eiji AC (1913–2013) war ein japanischer Manager und Chief Executive Officer des von seinem Cousin Toyoda Kiichiri gegründeten japanischen Automobilkonzerns Toyota. Gemeinsam mit seiner Frau Kazuko nutzte er seine Wien-Aufenthalte zu einem Besuch beim Mayer am Pfarrplatz.

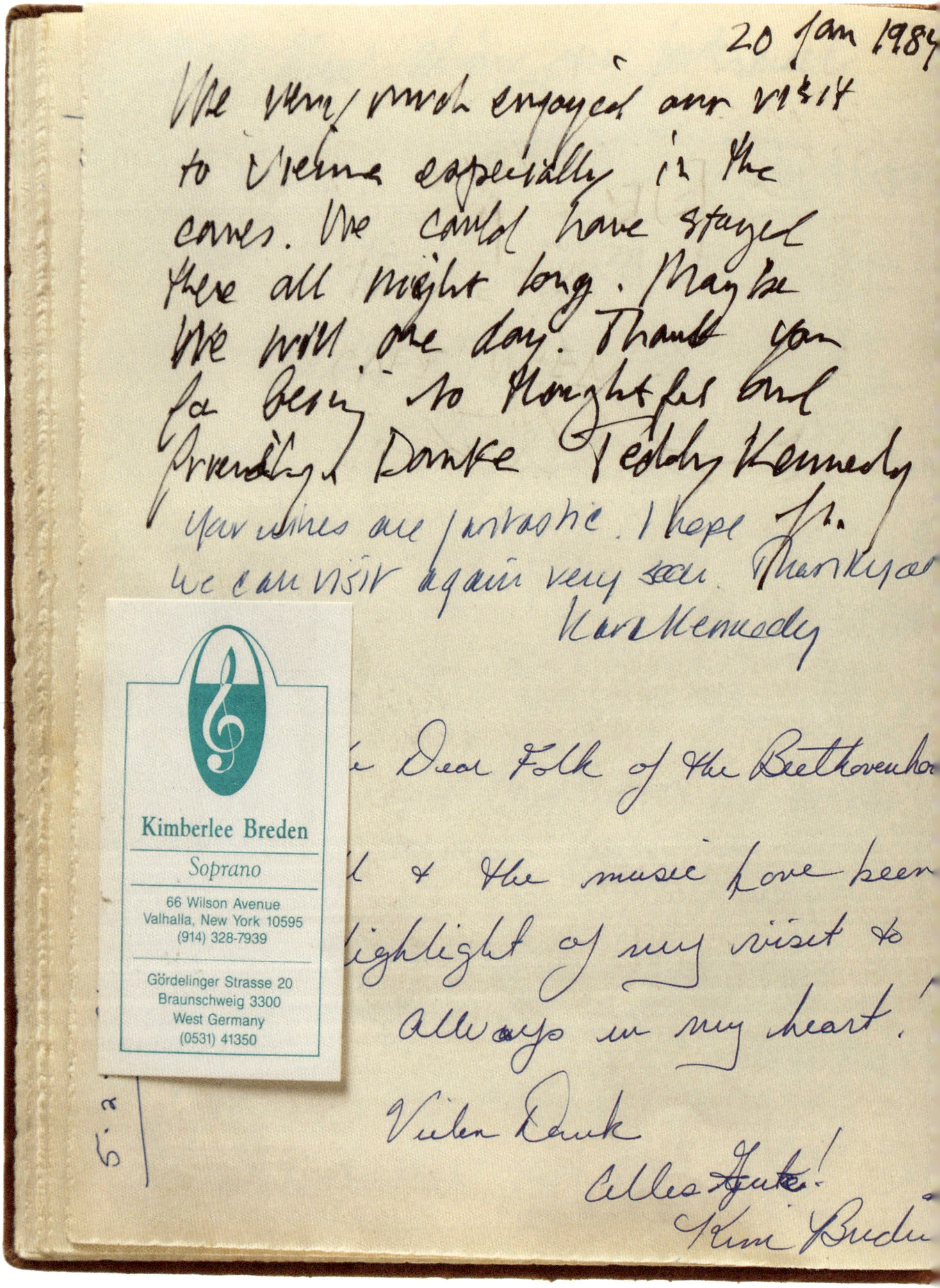

20 Jan 1984

We very much enjoyed our visit to Vienna especially in the caves. We could have stayed there all night long. Maybe we will one day. Thank you for being so thoughtful and friendly. Danke Teddy Kennedy Jr.

Your wines are fantastic. I hope we can visit again very soon. Thank you
Kara Kennedy

Kimberlee Breden
Soprano
66 Wilson Avenue
Valhalla, New York 10595
(914) 328-7939
Gördelinger Strasse 20
Braunschweig 3300
West Germany
(0531) 41350

…e Dear Folk of the Beethovenhau…
…l & the music have been…
…highlight of my visit to…
always in my heart!
Vielen Dank
Alles Gute!
Kim Breden

WERFER — Mittwoch, 25. Jänner 1984

Weekend in Wien: Ted Kennedy jr. und seine Schwester Kara.

Wenn wir schon so nah sind, dann wollen wir auch Old Vienna sehen", entschieden Ted Kennedy jr. und seine Schwester Kara, und flogen kurzerhand mit „tyrolean"-Airways von Innsbruck zum Weekend nach Wien. Ted war – wie berichtet – bei den Innsbrucker Behinderten-Weltspielen als Vorläufer gestartet.

Das Wien-Paket, das Fremdenverkehrschef Dr. Helmut Krebs für die Kennedy-Sprößlinge zusammengeschnürt hatte, war vollgepfropft: „Vom Tafelspitz im Sacher bis zur Torte beim Demel. Vormittags die Wiener Sängerknaben, abends die Oper."

Sportfan Teddy wollte auf sein obligates Training nicht verzichten und landete Sonntag vormittag im Stadthallenbad, wo er seine üblichen Längen schwamm. Nach ein paar Vierteln beim Beethoven-

SCHEIN

Mayer am Pfarrplatz zogen er und Schwesterherz auch noch eine Disco-Runde vom „Take Five" bis zum „U 4". Montag flogen die beiden nach Paris weiter.

Daß Kennedy in der US-Politik ein historischer Name ist, ließen die Wiener Gastgeber nur entfernt anklingen. Sie hatten für die Kennedy-Sprößlinge sinnigerweise im Hotel „President" gebucht.

TED & KARA KENNEDY
Polit-Clan-Sprösslinge

Ted Kennedy jun. (geb. 1961 in Boston) und seine Schwester Kara (1960–2011), die Kinder des ehemaligen US-Senators Edward Kennedy, auf Wien-Kurzbesuch mit Visite des Mayer am Pfarrplatz: „We could have stayed here all night long…"

„Ich hätte gerne das Leben gelebt, das in den Zeitungen beschrieben wurde."
Omar Sharif

OMAR SHARIF

Schauspieler

Omar Sharif (1932–2015), auch Omar El-Sharif, ursprünglich Michel Demitri Chalhoub, war ein ägyptischer Schauspieler aus einer libanesischen Familie und ein international bekannter Bridge-Spieler. Seine bekannteste Rolle war die des Doktor Schiwago.

Skifahrer und Skihersteller gemeinsam an einem Tisch beim Mayer am Pfarrplatz. Der Rheinriesling schmeckt!

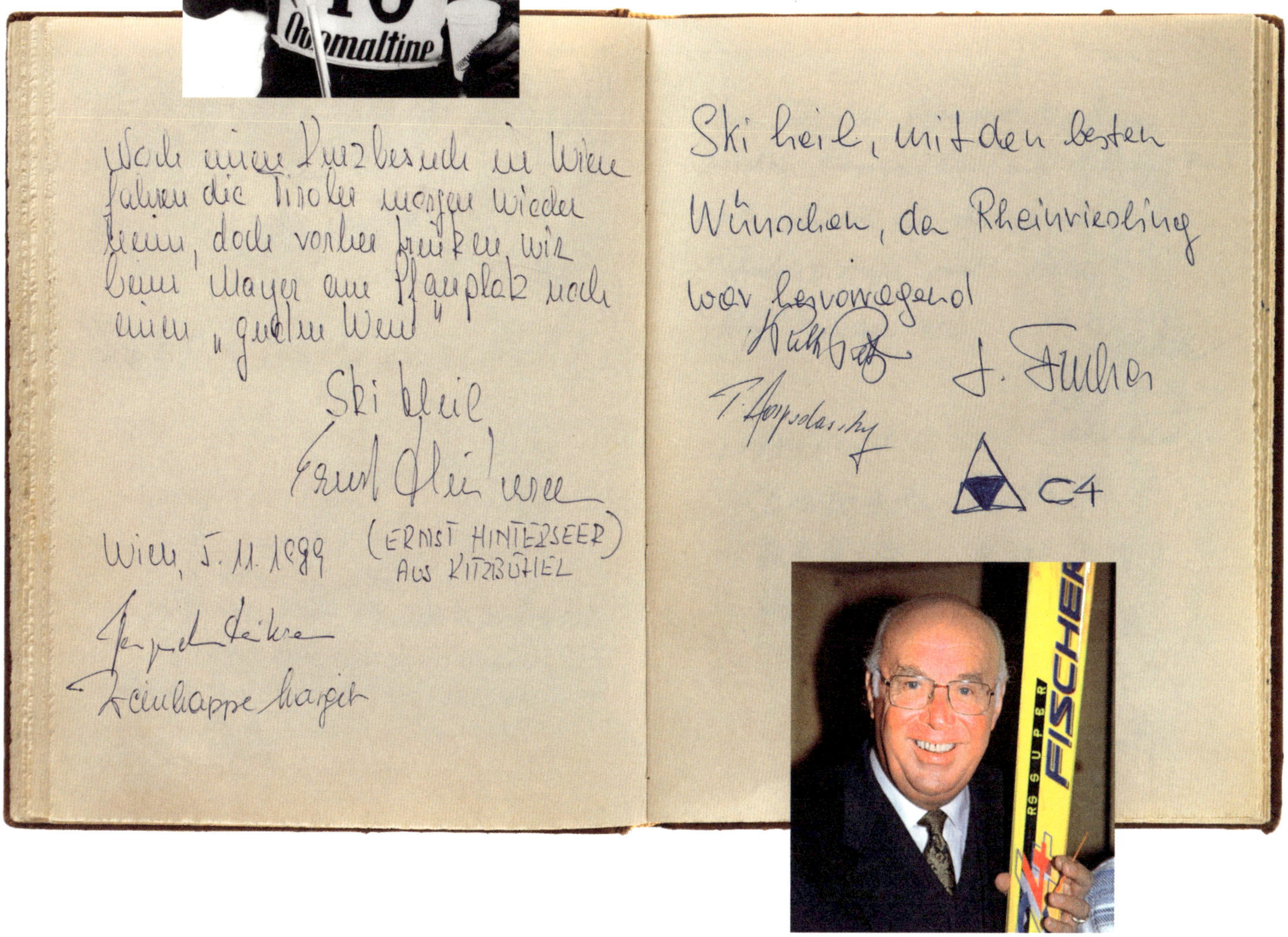

ERNST HINTERSEER

Skirennläufer

Ernst Hinterseer (geb. 1932 in Kitzbühel) ist ein ehemaliger österreichischer Skirennläufer und Alpinskitrainer. Er wurde 1960 Olympiasieger im Slalom. Seine Leidenschaft ist das Jodeln.

JOSEF „PEPI“ FISCHER

Fischer Sports

Der Unternehmer und „Ski-Pionier“ Josef Fischer (geb. 1929 in Ried im Innkreis) übernahm 1959 den väterlichen Betrieb und baute ihn zu einer der größten Skifabriken der Welt aus. Zu seinen größten Erfolgen gehört die Entwicklung des C4-Skis, mit dem Franz Klammer 1976 am Patscherkofel Olympiasieger wurde.

HEINZ REINCKE Schauspieler

Heinz Reincke (1925–2011) war ein deutscher Schauspieler und begehrter Synchronsprecher mit österreichischer Staatsbürgerschaft. Er war in allen Filmgenres zu Hause, vom Jugendfilm über den Kriminalfilm, vom Kriegsdrama bis hin zur Komödie. Zudem war seine markante Stimme im Hörfunk sehr gefragt.

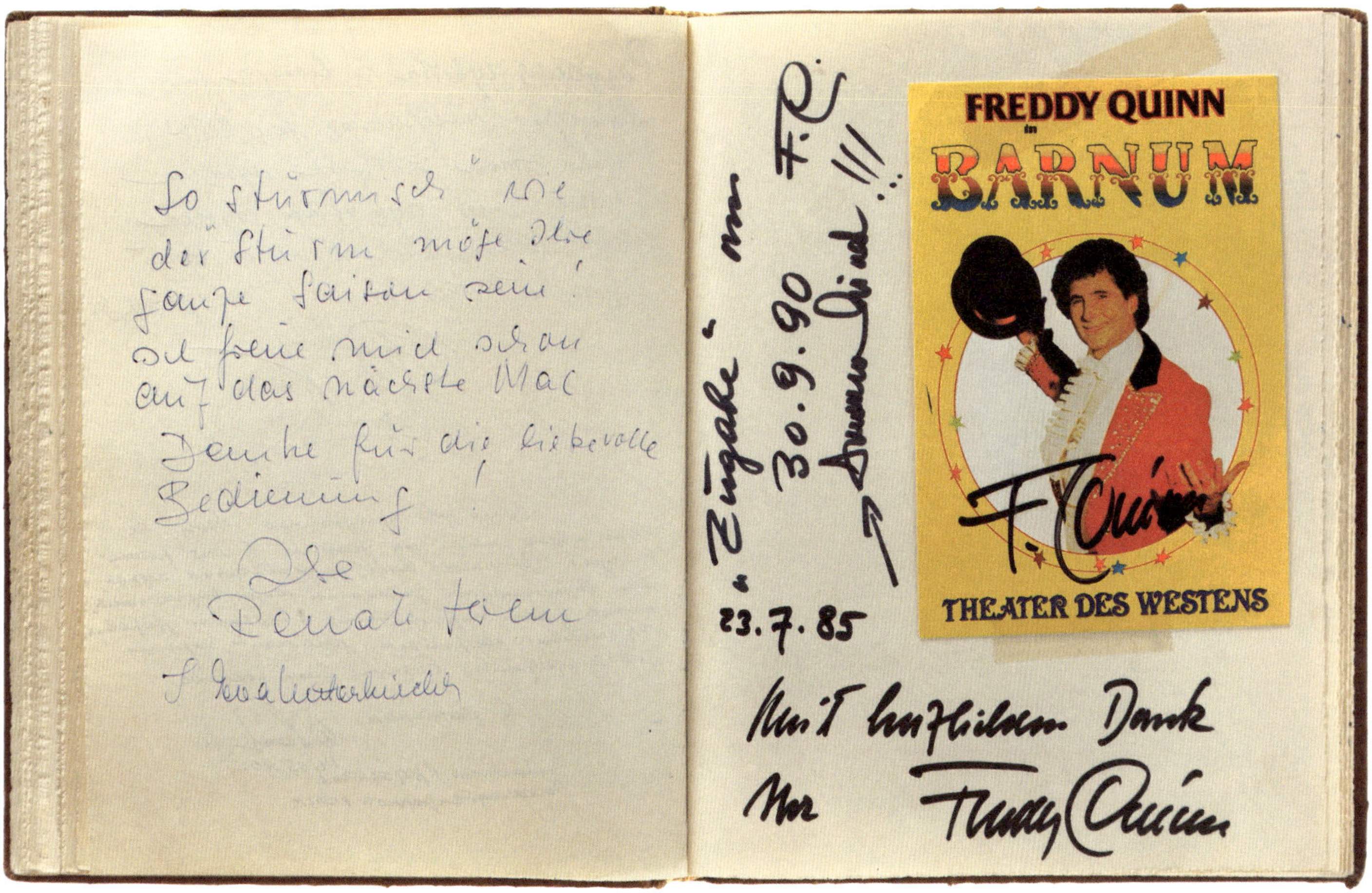

RENATE HOLM
Sängerin

Renate Holm (geb. 1931 in Berlin) ist eine deutsch-österreichische Sängerin. 1957 wurde sie an die Wiener Volksoper engagiert, 1961 an die Wiener Staatsoper. Mit Herbert von Karajan eilte sie von Erfolg zu Erfolg. Sie sang in allen großen Opernhäusern der Welt.

FREDDY QUINN
Sänger

Freddy Quinn (geb. 1931 in Hardegg) ist ein Schlagersänger und Schauspieler. Mit Nummer-eins-Hits wie „Junge, komm bald wieder" wurde er zwischen 1956 und 1966 zum erfolgreichsten deutschen Liedinterpreten.

FRED SINOWATZ
Politiker

Fred Sinowatz (1929–2008), Bundesminister für Unterricht und Kunst unter den Regierungen Bruno Kreiskys in den Jahren 1971 bis 1983, zeichnete für sozial orientierte Reformen im Bildungssystem verantwortlich. Von 1983 bis 1986 war er österreichischer Bundeskanzler.

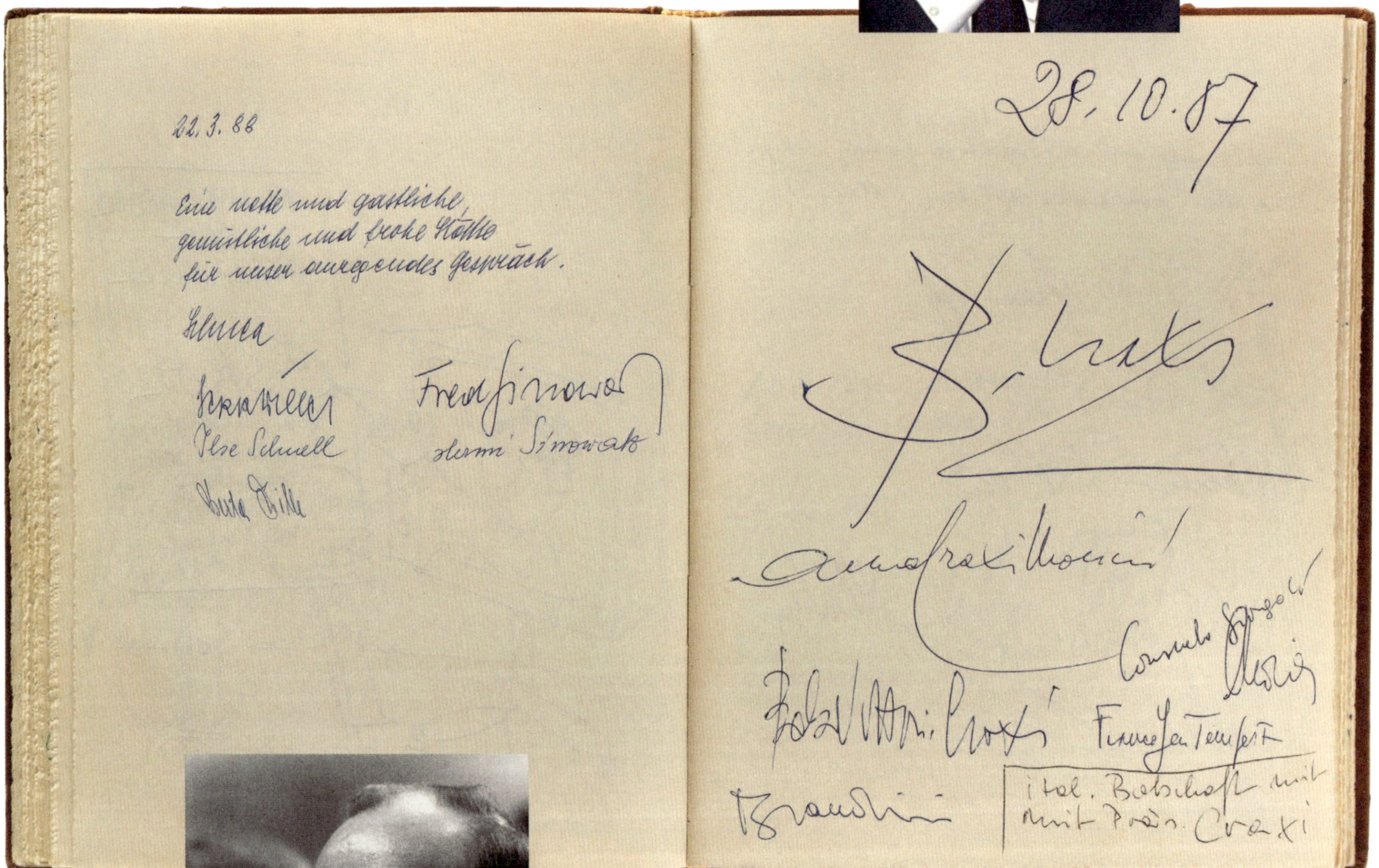

BETTINO CRAXI
Politiker

Bettino Craxi (1934–2000) war gefeierter und angesehener Ministerpräsident und Sozialistenchef, bis in den 90er Jahren gegen ihn ermittelt wurde („Mani pulite") und er wegen Schmiergelds und Betrugs zu 28 Jahren Haft verurteilt wurde. Die Flucht ins tunesische Exil bewahrte ihn vor der Haftstrafe.

„Ich bin eher für die kleinen, schönen und guten Sachen. Wobei die Frage ist, wo hört klein auf und wo fängt groß an."
Gustav Peichl

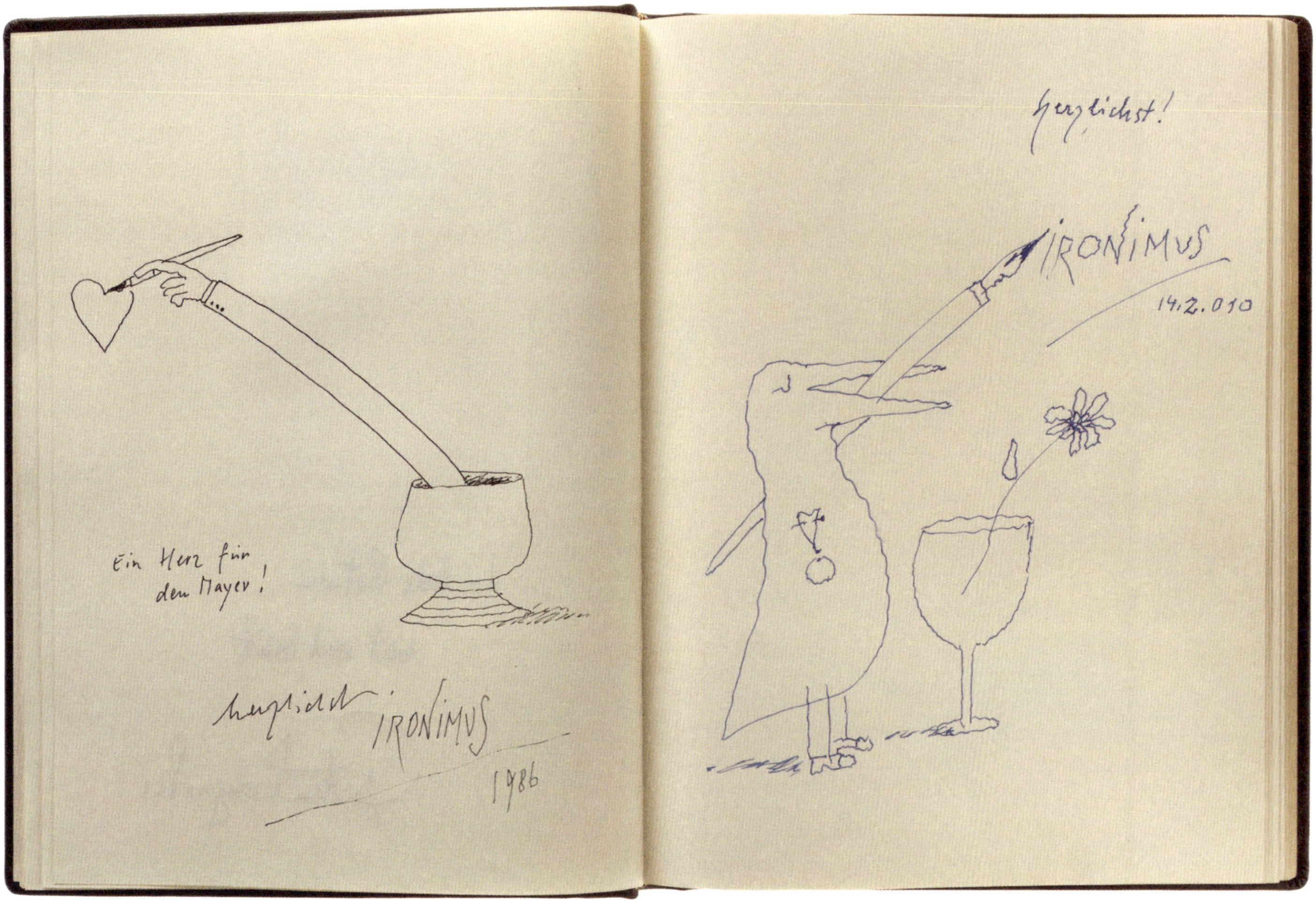

GUSTAV PEICHL IRONIMUS Architekt, Karikaturist

Gustav Peichl (geb. 1928 in Wien) ist eine der wichtigsten Persönlichkeiten der österreichischen Architekturszene. Er studierte an der Akademie der bildenden Künste bei Clemens Holzmeister. Seit 1956 ist er als freischaffender Architekt tätig, seit 1955 politischer Karikaturist unter dem Pseudonym Ironimus. 1973 wurde er Professor an der Akademie der bildenden Künste in Wien, deren Rektor er von 1987 bis 1988 war.

Foto: Peter Tomschi

Heurigen: José Carreras & neue Liebe Petra

führte. Beim „Mayer am Pfarrplatz" drehte sich das Gespräch für José mit Staatsopernchef Ioan Holender – brachte Gattin Angelica und Babysohn Livius in der Tragtasche mit –, Bundestheater-General Dr. Georg Springer, Carreras-Sekretär Fritz Krammer und Konzertmanager Matthias Hoffmann in erster Linie um „La Traviata" – mit Carreras am 15. Oktober in der Staatsoper – und weitere Engagements für die Saison 94/95. Die Schönbrunn-Gala von José, Samstag abend im Ehrenhof, war mit 8.500 Opernfans – darunter Umweltministerin Dr. Ruth Feldgrill-Zankel und Landesverteidiger Dr. Werner Fasslabend praktisch ausverkauft.

Plötzlich aber packte den Startenor beim Heurigen die Lust auf Eis. Weit und breit kein Eissalon. Frau Ingrid, eine der Perlen beim „Mayer am Pfarrplatz", rettete mit Stil die Situation und verehrte José ein Eis am Stiel, das sie fürs Wochenende privat im Eiskasten hatte . . .

★★★★★★★

„Wien ist für mich eine ganz besondere Stadt, überhaupt für Musiker und Sänger."
José Carreras

JOSÉ CARRERAS
Tenor

José Carreras (geb. 1946 in Barcelona) wird zu den herausragendsten Opernsängern der zweiten Hälfte des 20. Jahrhunderts gezählt. Er gehörte neben Luciano Pavarotti und Plácido Domingo zu den „Drei Tenören". Mit seiner Stiftung „Fundación Internacional José Carreras para la lucha contra la leucemia" unterstützt er seit 1988 die Leukämieforschung.

PETER HANDKE
Schriftsteller

Peter Handke (geb. 1942 in Griffen, Kärnten) ist einer der bekanntesten zeitgenössischen Autoren. Schlagartig bekannt wurde er mit „Wunschloses Unglück“ (1972), das zur Kultlektüre einer ganzen Generation wurde. Sein umfangreiches Schaffen zeichnet sich durch die Verwendung unterschiedlichster Gattungen aus und wurde mit zahlreichen internationalen Preisen geehrt.

ZZ TOP
Band

ZZ Top wurde 1969 in Houston, Texas, gegründet und war mit einem Mix aus Texas Blues, Bluesrock, Boogie und Hard Rock in den 80er Jahren erfolgreich. Das Markenzeichen der Bandmitglieder: lange Vollbärte.

MARTIN SUTER
Schriftsteller

Martin Suter (geb. 1948 in Zürich) ist Schriftsteller, Kolumnist und Drehbuchautor. 1991 war er Kreativdirektor der GGK Wien. 2010 erhielt Suter den Swift-Preis für seine satirische Kolumne „Business Class" über die Schwächen der Managerkaste. 2011 wurde er als erfolgreichster Schriftsteller der Schweiz mit dem SwissAward 2010 in der Kategorie Kultur ausgezeichnet. Zu seinen wichtigsten Werken zählen „Small World", „Ein perfekter Freund", „Der Teufel von Mailand" und „Der Koch". Suter lebt in Zürich und auf Ibiza.

NORMAN MAILER
Schriftsteller

Norman Kingsley Mailer (1923–2007) war ein US-amerikanischer Schriftsteller und scharfer Kritiker der US-amerikanischen Gesellschaft. Berühmt wurde er mit seinem Roman „Die Nackten und die Toten". Für seine Reportage über die amerikanische Protestbewegung gegen den Vietnamkrieg, „Heere aus der Nacht", erhielt er 1969 den Pulitzerpreis, ebenso 1980 für „Gnadenlos".

„In meiner Zeit war statt der Telemetrie das Boxenluder da.“
Gerhard Berger

GERHARD BERGER Rennfahrer

Gerhard Berger (geb. 1959 in Wörgl) ist ein österreichischer Unternehmer und ehemaliger Automobilrennfahrer. Von 1984 bis 1997 fuhr er in der Formel 1 für Teams wie Ferrari, McLaren und Benetton. Von 1998 bis 2003 fungierte er als Motorsportdirektor bei BMW sowie von 2006 bis 2008 als Mitbesitzer des Rennstalls Toro Rosso. Er ist weiters Mehrheitseigentümer eines Logistik-Unternehmens.

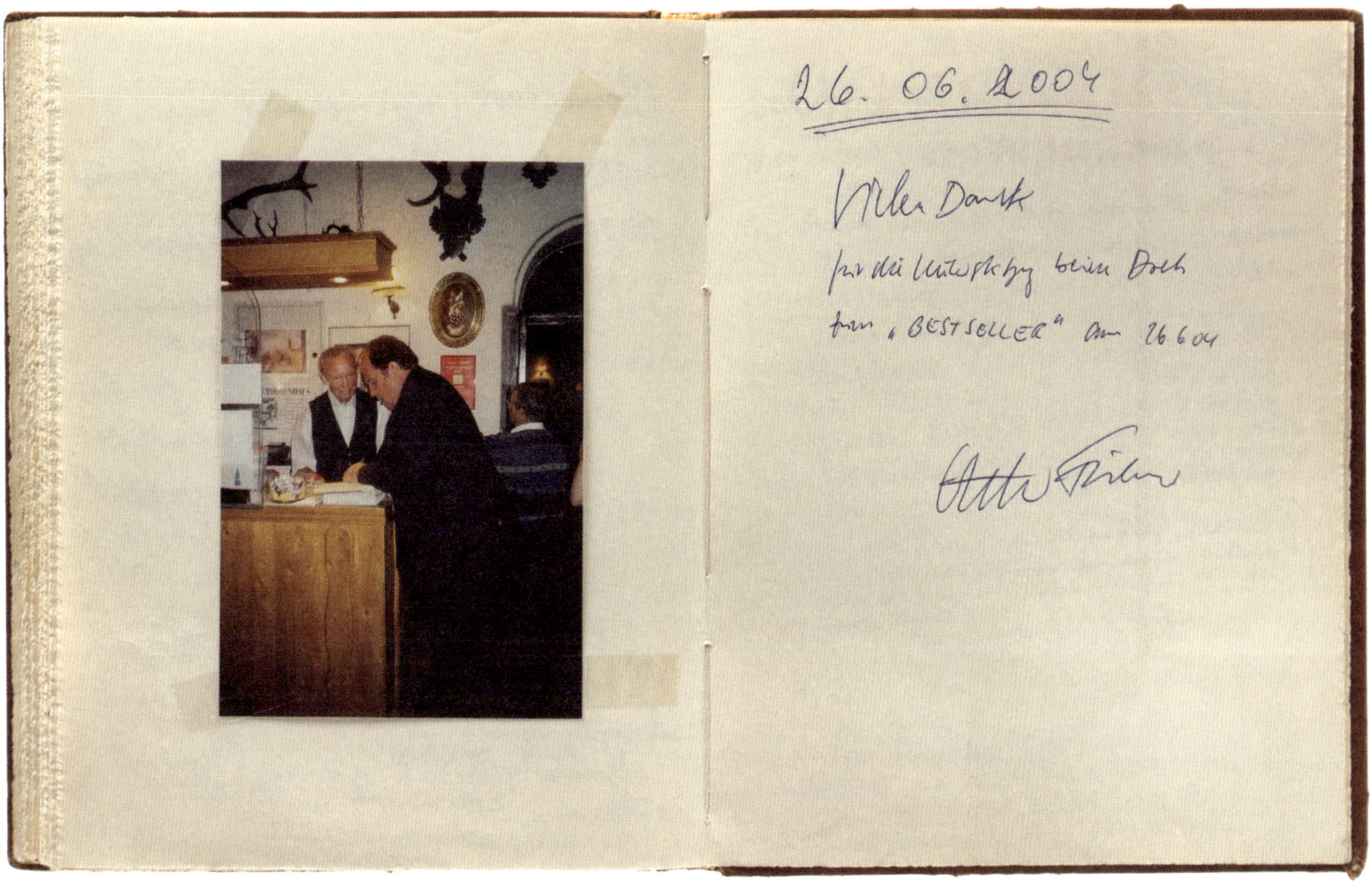

OTTFRIED FISCHER Schauspieler

Ottfried Fischer (geb. 1953 in Ornatsöd) ist deutscher Schauspieler und Kabarettist. Seinen großen Durchbruch erlangte er 1995 mit der Serie „Der Bulle von Tölz“. Im November 2012 wurde die letzte (173.) Folge ausgestrahlt.

HENRY KISSINGER
Politiker

Henry Alfred Kissinger (geb. 1923 in Fürth) war unter Richard Nixon und Gerald Ford amerikanischer Außenminister. Er spielte in der Außenpolitik eine zentrale Rolle und war einer der Architekten der Entspannung im Kalten Krieg. 1973 erhielt er den Friedensnobelpreis.

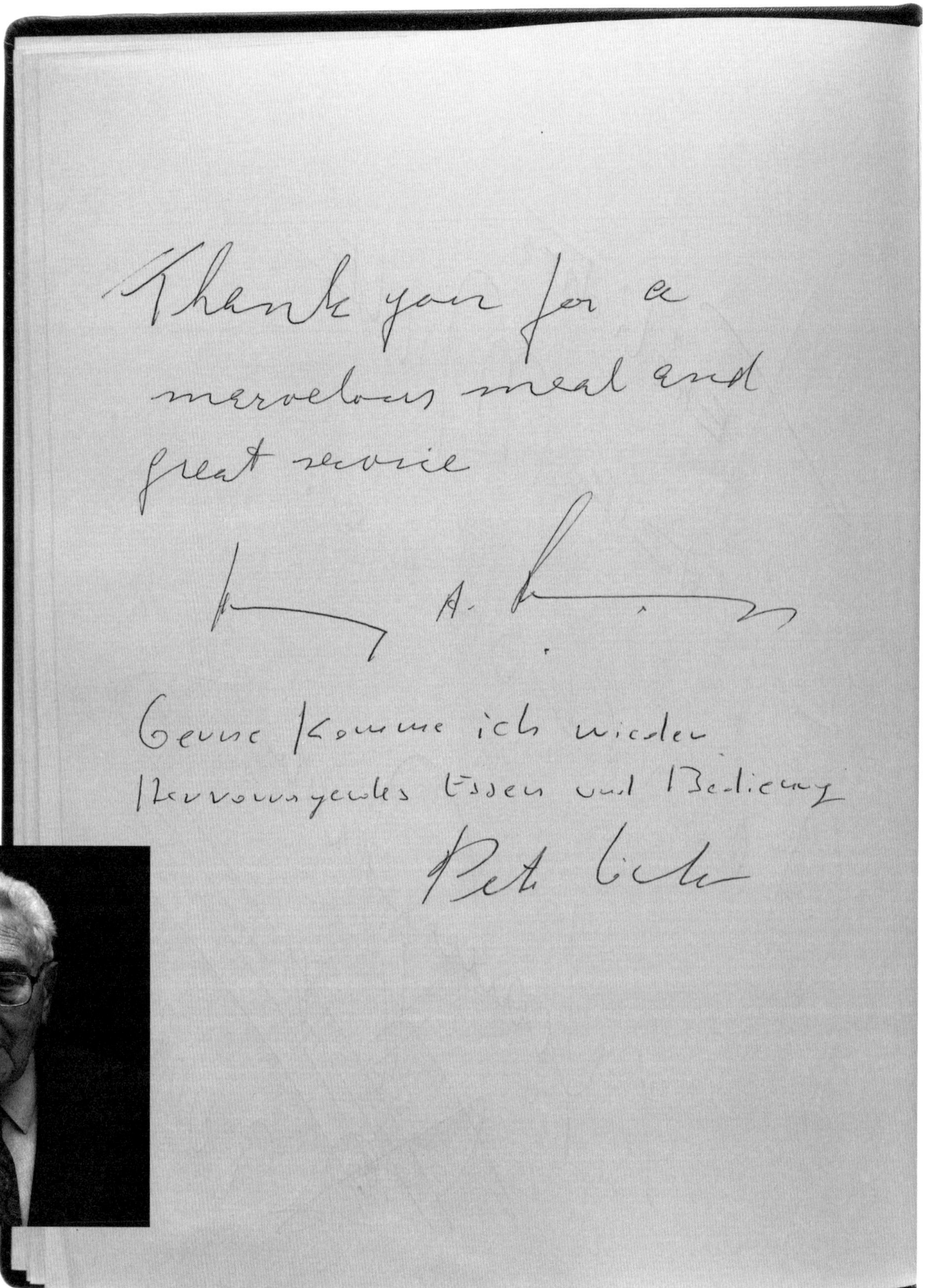
Thank you for a
marvelous meal and
great service

Gerne komme ich wieder
Hervorragendes Essen und Bedienung

HEINZ FISCHER
Politiker

Heinz Fischer (geb. 1938 in Graz) war von 2004 bis 2016 der achte amtierende österreichische Bundespräsident der Zweiten Republik und geht auch gerne privat zum Pfarrwirt.

KARL MARKOVICS Schauspieler

Karl Markovics (geb. 1963 in Wien) ist ein österreichischer Schauspieler, Regisseur und Drehbuchautor. Bekannt wurde er als Bezirksinspektor Stockinger in „Kommissar Rex“. Seinen bisherigen Karrierehöhepunkt stellte die Hauptrolle in „Die Fälscher“ (2007) dar. Der Film wurde mit einem Oscar als bester fremdsprachiger Film ausgezeichnet.

STEFAN RUZOWITZKY
Filmregisseur

Stefan Ruzowitzky (geb. 1961 in Wien) ist ein österreichischer Filmregisseur und Drehbuchautor. 2008 wurde sein Spielfilm „Die Fälscher“ mit dem Oscar für den besten fremdsprachigen Film ausgezeichnet.

Stefan Ruzowitzky 2008 bei der 80. Oscarverleihung in Los Angeles

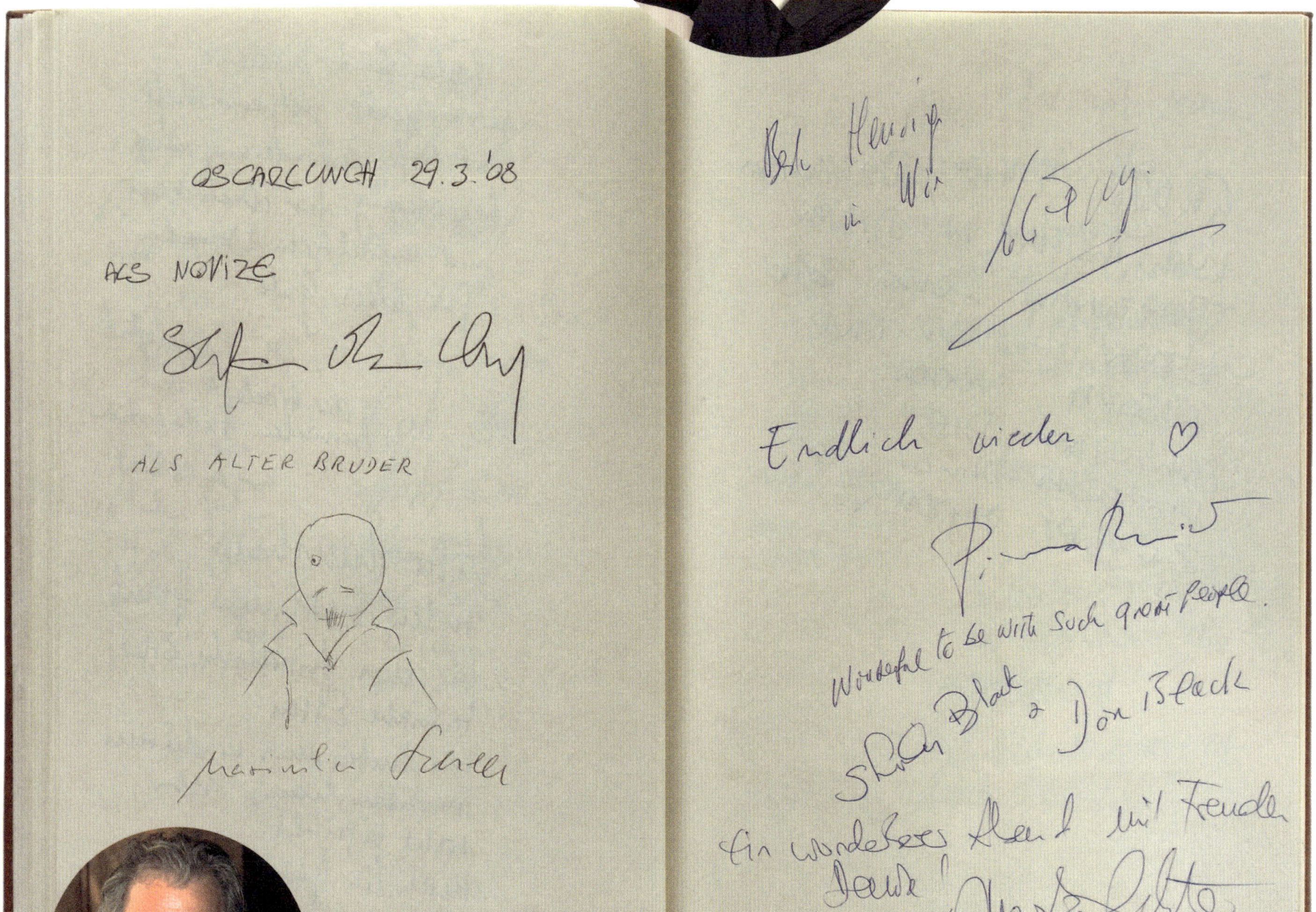

MAXIMILIAN SCHELL
Schauspieler

Maximilian Schell (1930–2014) war Schauspieler, Regisseur und Produzent mit österreichischer und Schweizer Staatsangehörigkeit. Für seine Rolle in „Das Urteil von Nürnberg“ erhielt er 1962 den Oscar als bester Hauptdarsteller.

DON BLACK
Liedtexter

Don Black, eigentlich Donald Blackstone (geb. 1938 in London), ist Liedtexter zahlreicher Musicals und Filme, u. a. mehrerer James-Bond-Filme. Für das Titellied für den Film „Frei geboren – Königin der Wildnis“ erhielt er 1966 den Oscar für den besten Song.

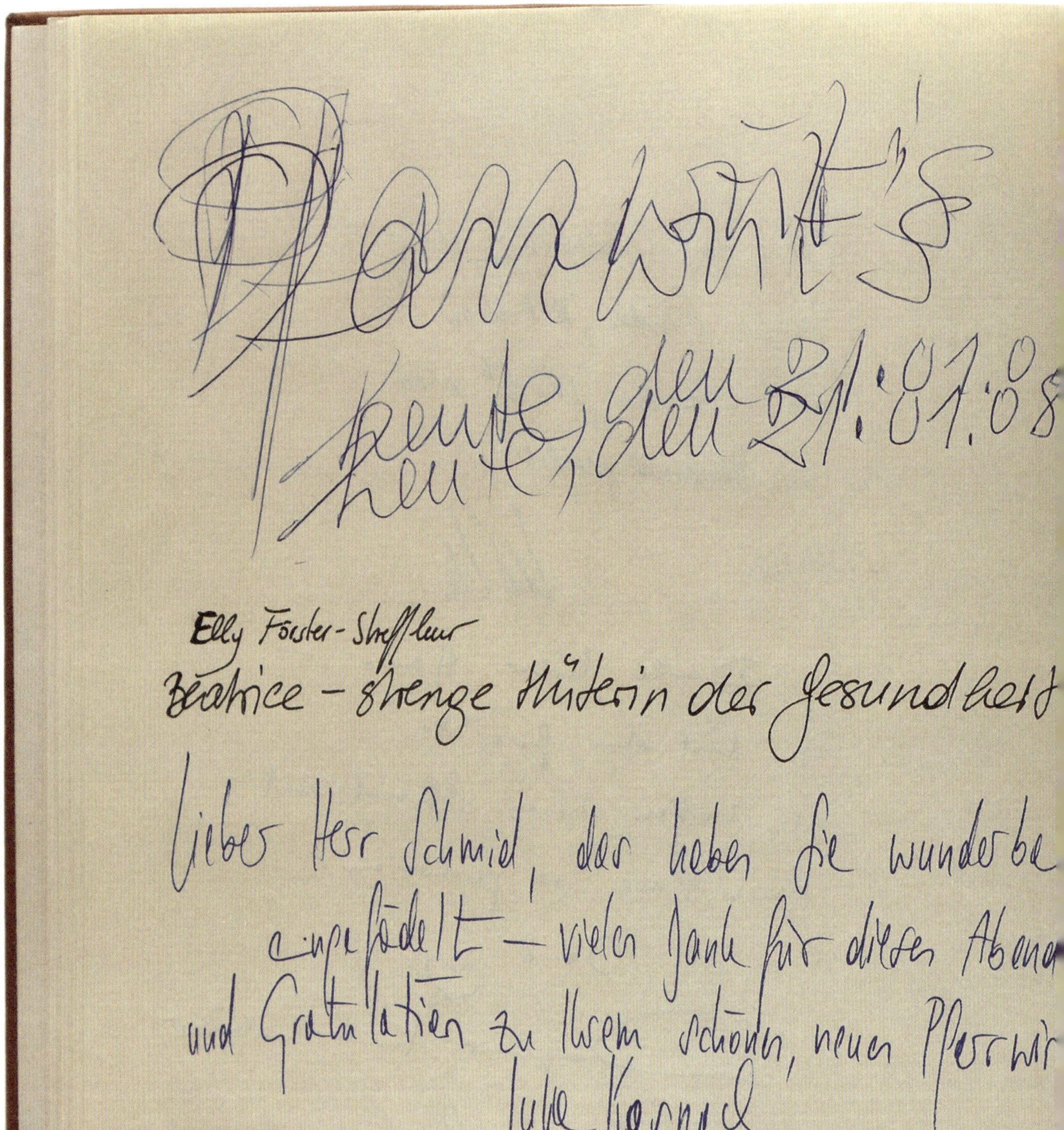

Pfarrwirt's
heute, den 21.01.08

Elly Förster-Streffleur
Beatrice – strenge Hüterin der Gesundheit

Lieber Herr Schmid, das haben Sie wunderba
eingefädelt – vielen Dank für diesen Abend
und Gratulation zu Ihrem schönen, neuen Pfarrwir
Luke Karpach

2008 bekam der Pfarrwirt sein „Fallenbild“, Spoerris erste Kunstaktion in Wien seit den 70er-Jahren.

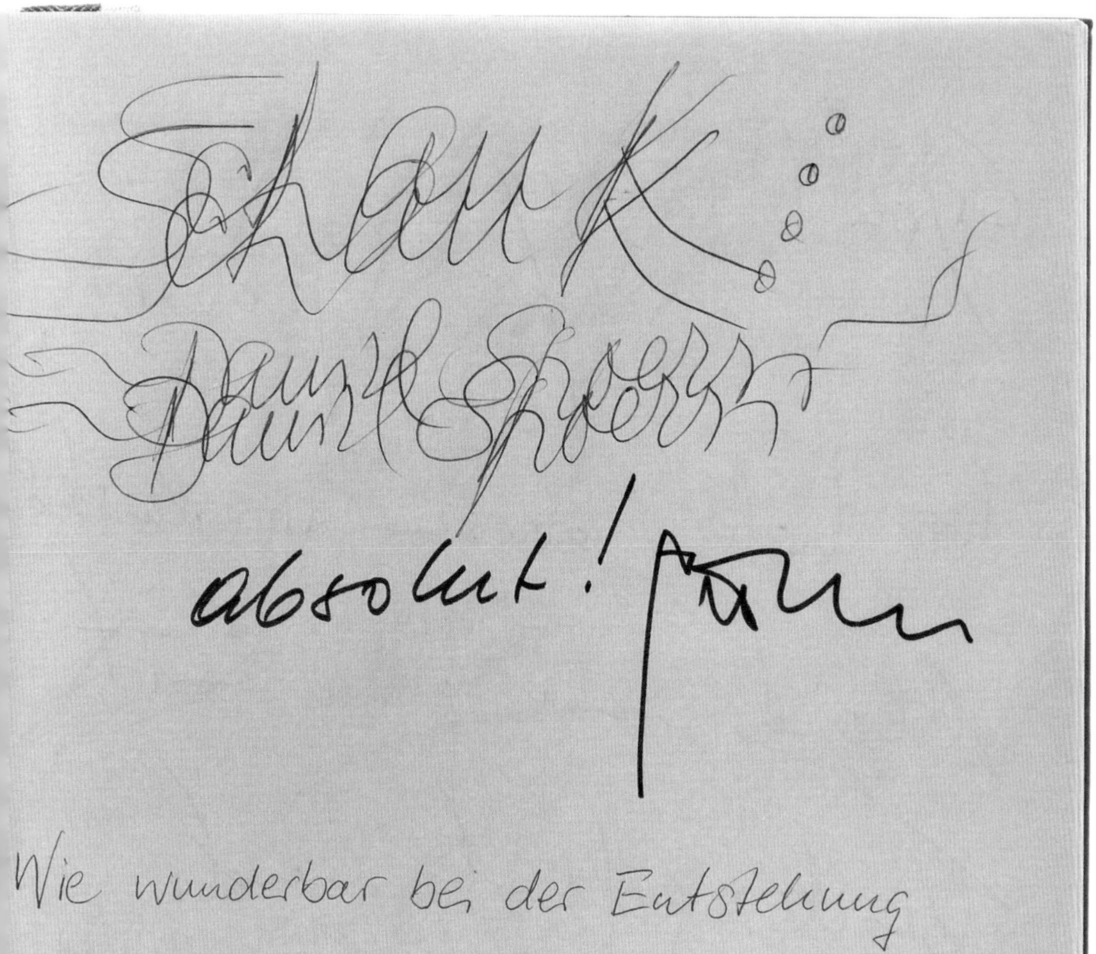

Daniel Spoerri
Daniel Spoerri
absolut!

Wie wunderbar bei der Entstehung eines Fallenbildes anwesend gewesen und mitgewirkt zu haben, das in diesen schönen Gemäuern sein Zu Hause findet.

Marijana Mance

– dies ist kulinarisches Wohlergehen festhalten

DANIEL SPOERRI
Künstler

Daniel Spoerri (geb. 1930 in Galati, Rumänien), ist ein Schweizer bildender Künstler, Tänzer und Regisseur. Er ist einer der bedeutendsten Vertreter der Objektkunst, Mitbegründer der Künstlergruppierung Nouveau Réalisme, Erfinder der Eat Art. Bekannt wurde er vor allem mit den sogenannten „Fallenbildern". Später machte er sich als Restaurantchef, mit der „Eat Art Galerie" in Düsseldorf und zahlreichen Banketten einen Namen. In den 90er Jahren schuf er den Skulpturenpark „Il Giardino" in der Toskana, und 2009 wurde in Hadersdorf am Kamp das „Kunststaulager Spoerri" eröffnet.

C.L. ATTERSEE & INGRIED BRUGGER
Künstler,
Kulturmanagerin

Ingried Brugger ist eine österreichische Kunsthistorikerin, Museumsleiterin und Modedesignerin. Seit 2000 ist sie Direktorin des Bank Austria Kunstforums. Ihr Mann, Christian Ludwig Attersee, gehört zu den bekanntesten österreichischen Künstlern

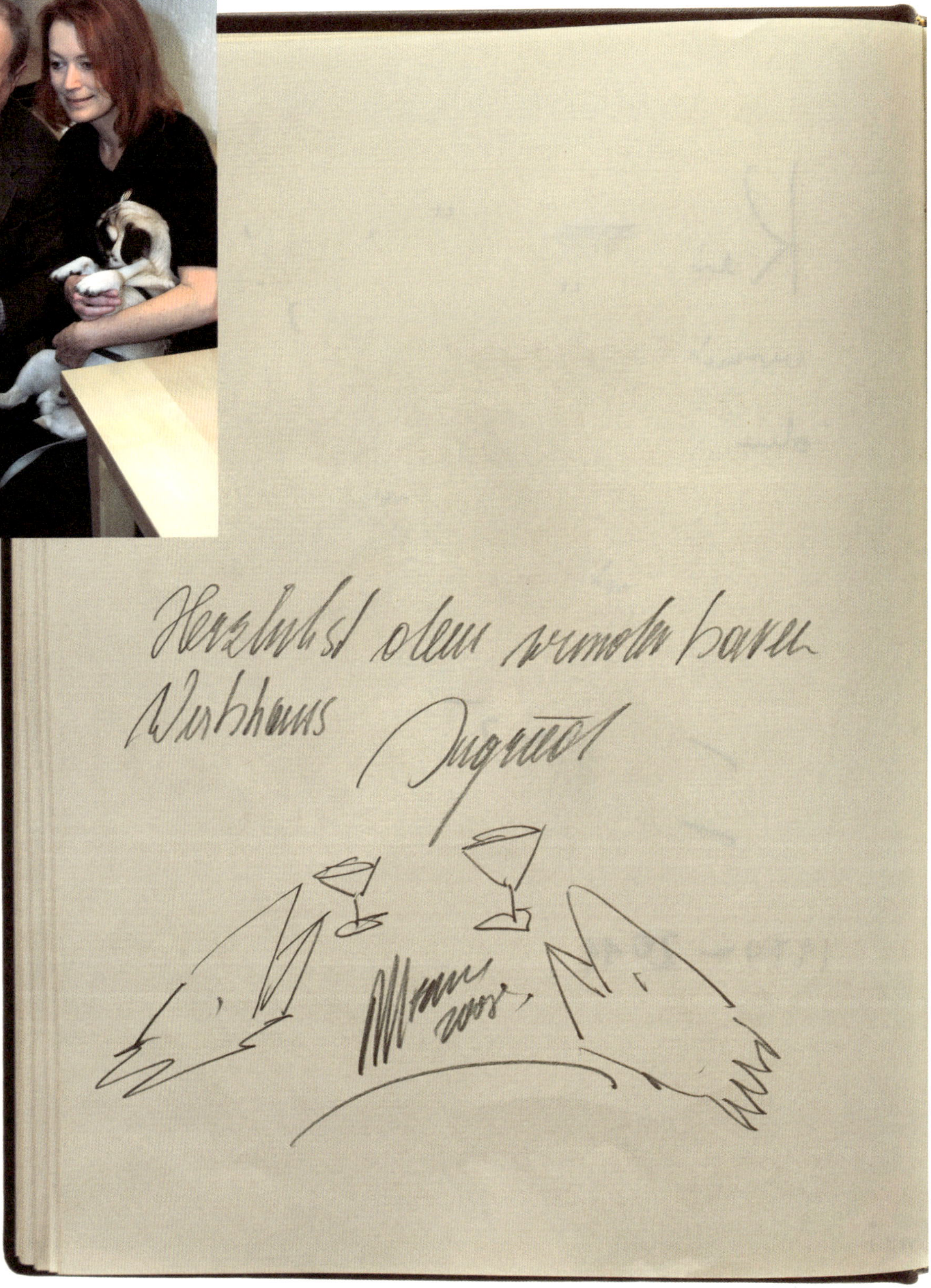

CHRISTOPH DAUM

Fußballspieler

Christoph Daum (geb. 1953 in Oelsnitz) ist ein ehemaliger deutscher Fußballspieler und heutiger -trainer. Sein Motto lautet: „Du kannst hinfallen. Es ist auch nicht entscheidend, wie oft du hinfällst. Du musst nur immer wieder aufstehen.“

GERHARD SCHRÖDER
Ehemaliger deutscher Bundeskanzler

Gerhard Fritz Kurt Schröder (geb. 1944 in Blomberg) ist ein ehemaliger deutscher Politiker. Er war von 1990 bis 1998 Ministerpräsident des Landes Niedersachsen und von 1998 bis 2005 der siebte Bundeskanzler der Bundesrepublik Deutschland. Nach seiner politischen Karriere ist er als Rechtsanwalt sowie in verschiedenen Positionen in der Wirtschaft tätig.

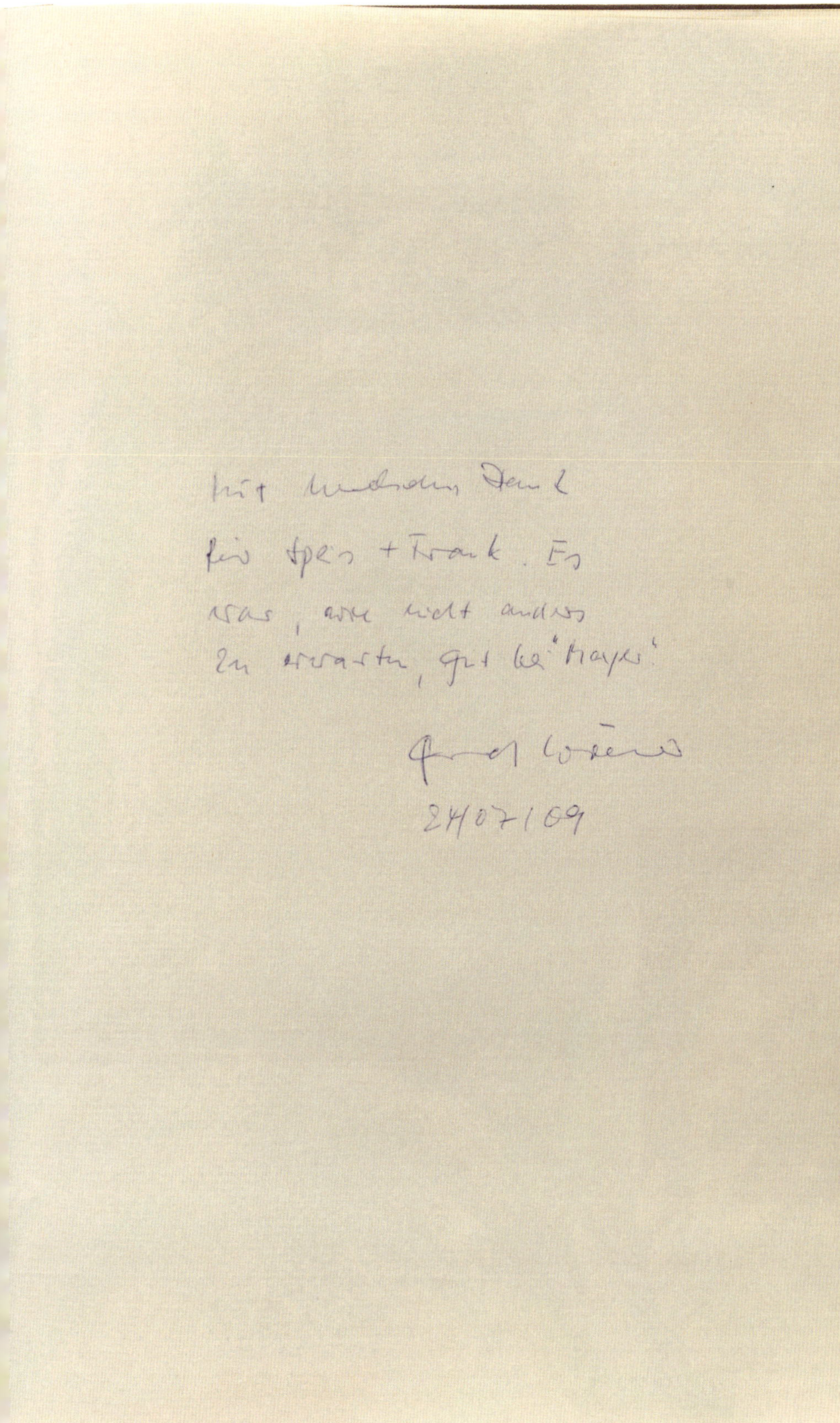
Mit herzlichem Dank
für Speis + Trank. Es
war, wie nicht anders
zu erwarten, gut bei "Mayer"

Gerhard Schröder
24/07/09

Unten: Gerhard Schröder mit Altkanzler Franz Vranitzky beim Pfarrwirt

Links: Beim Mayer am Pfarrplatz mit dem langjährigen Heurigen-Musiker Walter Maier

KARL SCHRANZ
Skilegende

Karl Schranz (geb. 1938 in St. Anton) zählt zu den erfolgreichsten und bekanntesten Skirennläufern Österreichs. Er war dreimal Weltmeister und zweimal Gesamtweltcup-Sieger (u. a.).

SAMY MOLCHO
Pantomime

Samy Molcho (geb. 1936 in Tel Aviv) ist einer der bedeutendsten Pantomimen des 20. Jahrhunderts. Das Kommunikationsmittel Körpersprache hat er in mehreren erfolgreichen Büchern beschrieben.

„Ein Gast, vor's Gästebuch gezerrt, fühlt meistens nur Verdruß! Er meint sich wie auf's Klo gesperrt – obwohl er gar nicht muß!!!"
Christian Konrad, 2010

CHRISTIAN KONRAD Ex-Generalanwalt

Christian Konrad (geb. 1943 in Wolkersdorf) ist ein ehemaliger österreichischer Bankmanager. Nach dem Jusstudium trat er 1969 als Revisor in die RLB NÖ ein, wo er 1990 zum Obmann wurde. Im gleichen Jahr übernahm er den RZB-Aufsichtsratsvorsitz, vier Jahre später wurde er zum Generalanwalt gewählt. Lange Jahre war er nicht nur der mächtigste Raiffeisen-Manager, sondern auch wohl einer der mächtigsten Männer des Landes. Konrad gilt als Netzwerker der Nation mit maßgeblichem Einfluss in Wirtschaft, Medien und Politik des Landes. Er saß (sitzt) in einem Dutzend Aufsichtsräten, war lange Jahre Landesjägermeister und ist wegen seines Einsatzes bei der Renovierung der Basilika Ehrenbürger von Mariazell.

RAINHARD FENDRICH
Musiker

Rainhard Jürgen Fendrich (geb. 1955 in Wien) ist ein österreichischer Liedermacher, Moderator und Schauspieler. Er zählt zu den erfolgreichsten Vertretern des Austropop. Mit „Strada del sole" landete er 1981 den österreichischen Sommerhit des Jahres. Mit „Schickeria", „Oben ohne" und „Macho Macho" konnte er an den Erfolg anschließen. „I am from Austria" wurde zur „heimlichen Bundeshymne Österreichs" und 2011 zum „größten Austropop-Hit aller Zeiten" gewählt. Fendrich moderierte weiters die beliebte TV-Sendung „Herzblatt" und initiierte die Gründung des Austropop-Trios A3.

ES IST
SEHR
SCHÖN BEI
EUCH
2010

LUKAS RESETARITS Kabarettist

Lukas Resetarits (geb. 1947 in Stinatz) ist ein österreichischer Kabarettist und Schauspieler. Er gilt als Begründer der heutigen Kabarettszene. Darüber hinaus bekannt wurde er als Major Adolf Kottan in der legendären TV-Serie „Kottan ermittelt". Resetarits ist ein Satiriker, der nicht nur an der Oberfläche kratzt. Ganz im Gegenteil, er macht sich viele Gedanken: über Gott, die Welt, den Tod, das Alter, Reichtum und Armut und die Politik.

FRANZ VOVES Politiker

Franz Voves (geb. 1953 in Graz) war ein österreichischer Eishockeynationalspieler, Finanzchef einer großen Versicherung und von 2005 bis 2015 Landeshauptmann der Steiermark.

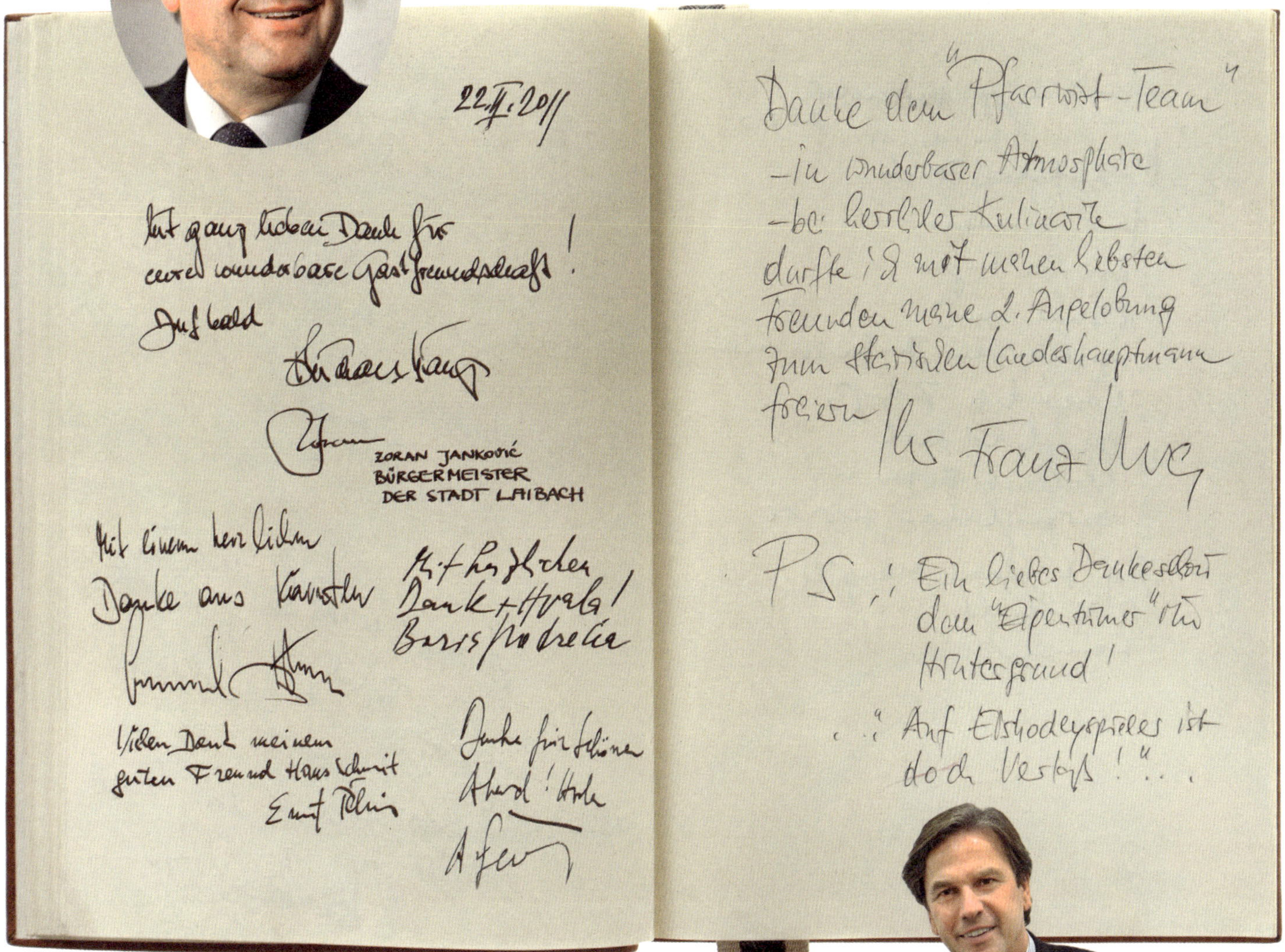

ZORAN JANKOVIĆ Politiker

Zoran Janković (geb. 1953 in Saraorci, Serbien) ist ein slowenischer Manager und seit 2006 amtierender Bürgermeister von Ljubljana.

„Die Zeit heilt die Vorbehalte …“
Franz Vranitzky beim Pfarrwirt

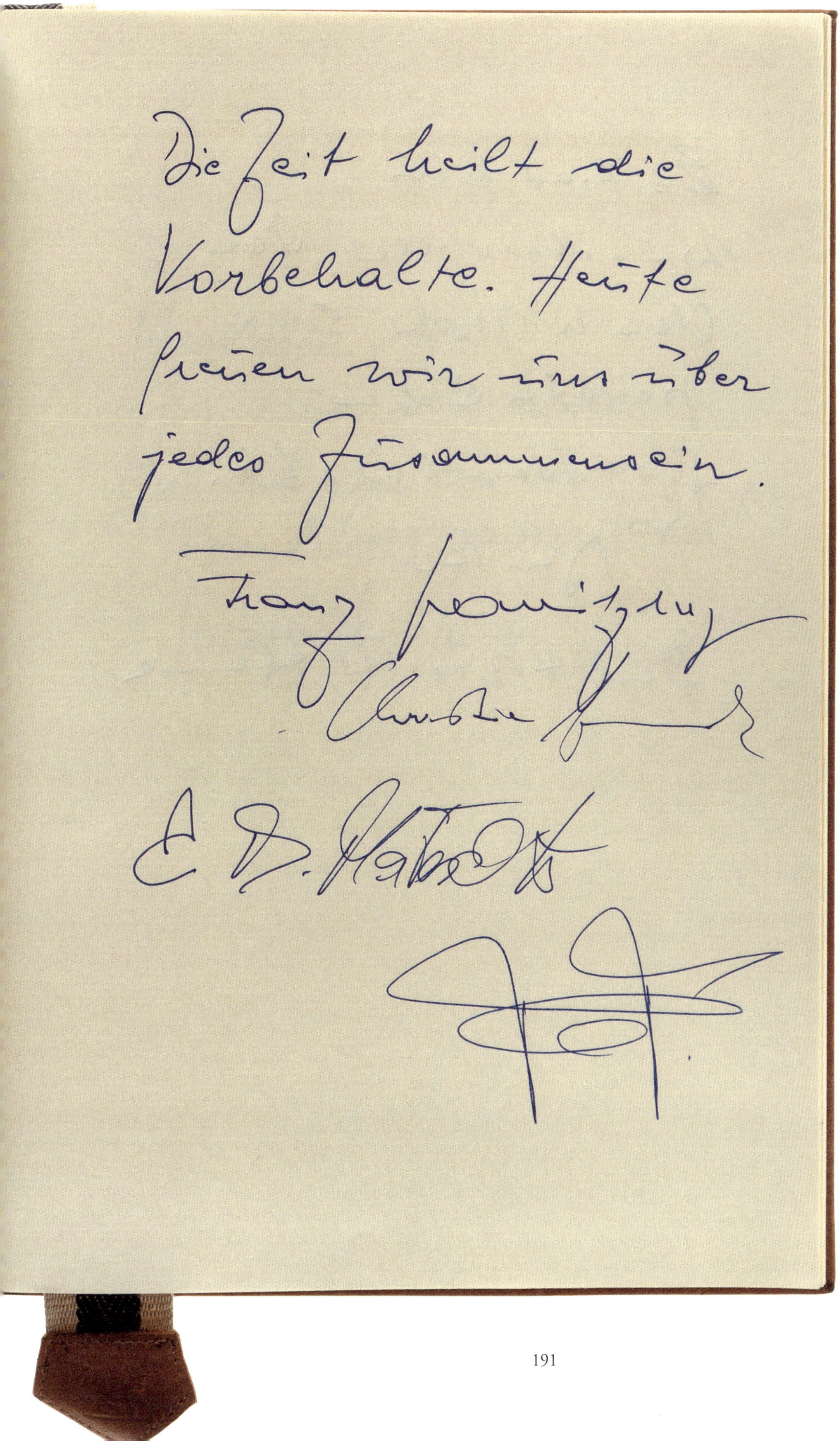
Die Zeit heilt die Vorbehalte. Heute freuen wir uns über jedes Zusammensein.

Franz Vranitzky

FRANZ VRANITZKY
Altbundeskanzler

Franz Vranitzky (geb. 1937 in Wien) war Generaldirektor der Länderbank, von 1984 bis 1986 Finanzminister und von 1986 bis 1997 Bundeskanzler der Bundesrepublik Österreich.

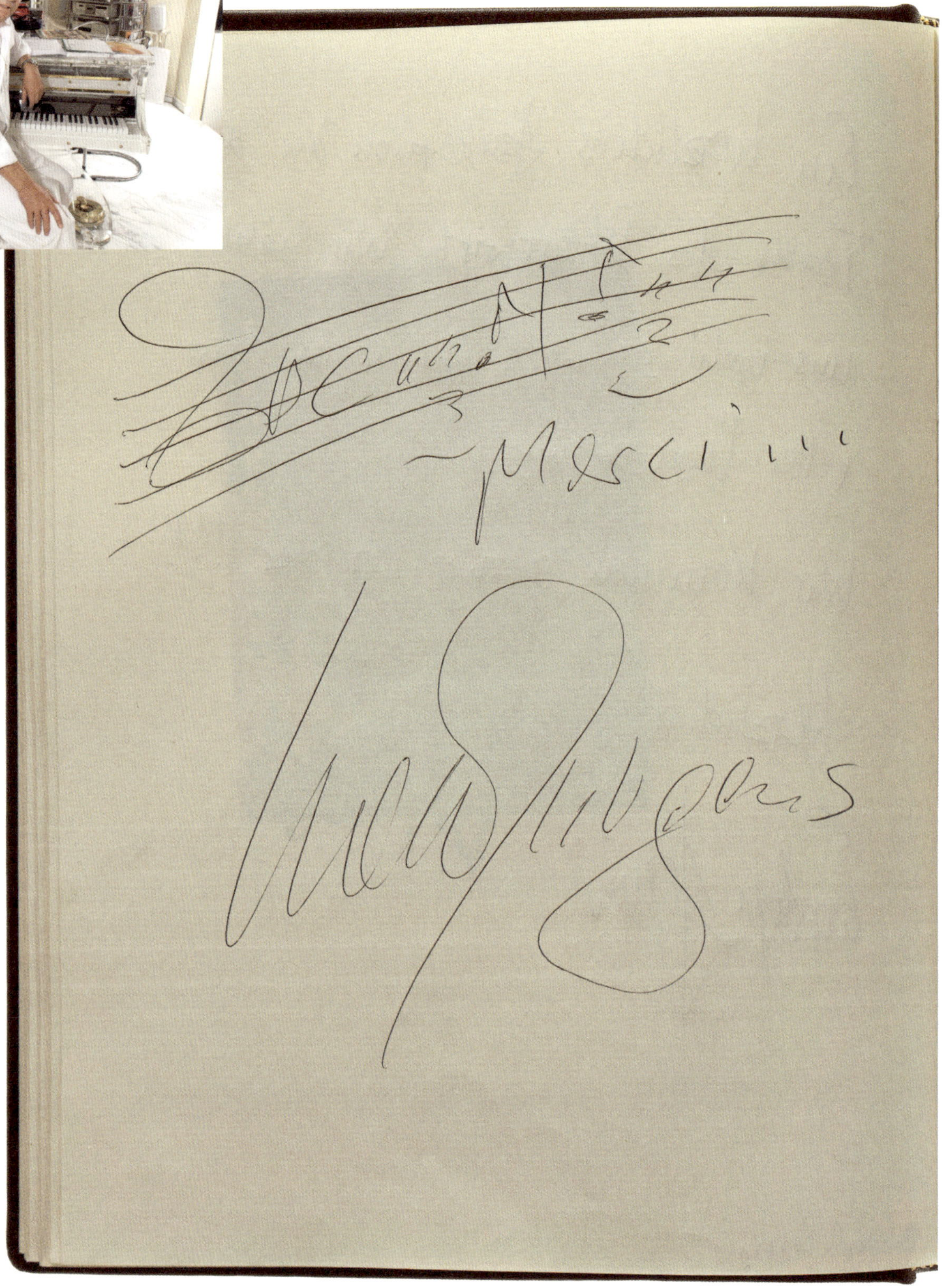

UDO JÜRGENS
Musiker

Udo Jürgens (1934–2014) war ein österreichischer Komponist, Pianist und Sänger. 1966 gewann er mit „Merci, Chérie“ den Eurovision Song Contest und hatte seinen internationalen Durchbruch. In seiner mehr als 50 Jahre andauernden Karriere komponierte er mehr als 1.000 Lieder und veröffentlichte mehr als 50 Plattenalben, verkaufte über 100 Millionen Tonträger und zählt damit zu den erfolgreichsten männlichen Solokünstlern. Sein Markenzeichen: Konzertzugaben im weißen Bademantel.

HANSI HINTERSEER
Sänger

Johann Ernst „Hansi" Hinterseer (geb. 1954 in Kitzbühel) ist ein österreichischer Schlagersänger, Schauspieler, Moderator und ehemaliger Skirennläufer. Nach seiner aktiven Sportlerkarriere – 1974 gewann er Silber bei den Weltmeisterschaften in St. Moritz – gelang Hinterseer 1994 mit seiner Debütsingle „Du hast mich heut' noch nicht geküsst" in Karl Moiks „Musikantenstadl" der Durchbruch als Volksmusiksänger. 2010 gelang es dem „Traumschwiegersohn der Nation" sogar, Lady Gaga von der Spitze der dänischen Charts zu verdrängen.

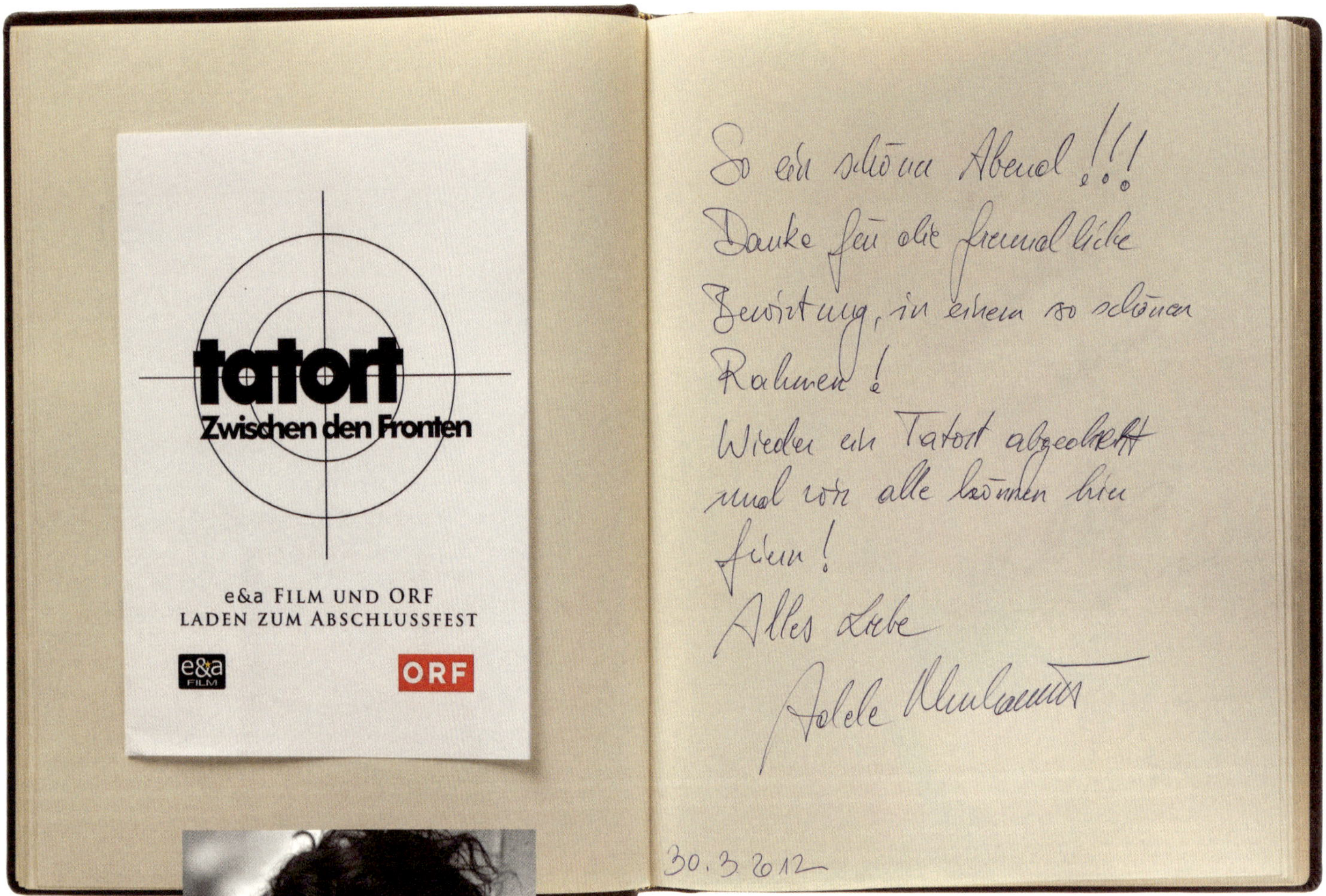

ADELE NEUHAUSER

Filmschauspielerin

Adele Neuhauser (geb. 1959 in Athen) ist eine österreichische Schauspielerin. Seit 2010 spielt sie die von der „Sitte“ kommende Ermittlerin Bibi Fellner im Wiener Tatort des ORF.

NIKI LAUDA Unternehmer

Niki Lauda (geb. 1949 in Wien) ist dreifacher Formel-1-Weltmeister, erfolgreicher Luftfahrtunternehmer (Lauda Air, Flyniki, seit 2016 LaudaMotion) und Pilot. Seit 2012 ist er Aufsichtsratsvorsitzender und Teilhaber des Mercedes-Formel-1-Teams und mit seiner Familie Stammgast beim Pfarrwirt.

„Hasta la vista, baby!"
Arnold Schwarzenegger 1991 in „Terminator 2"

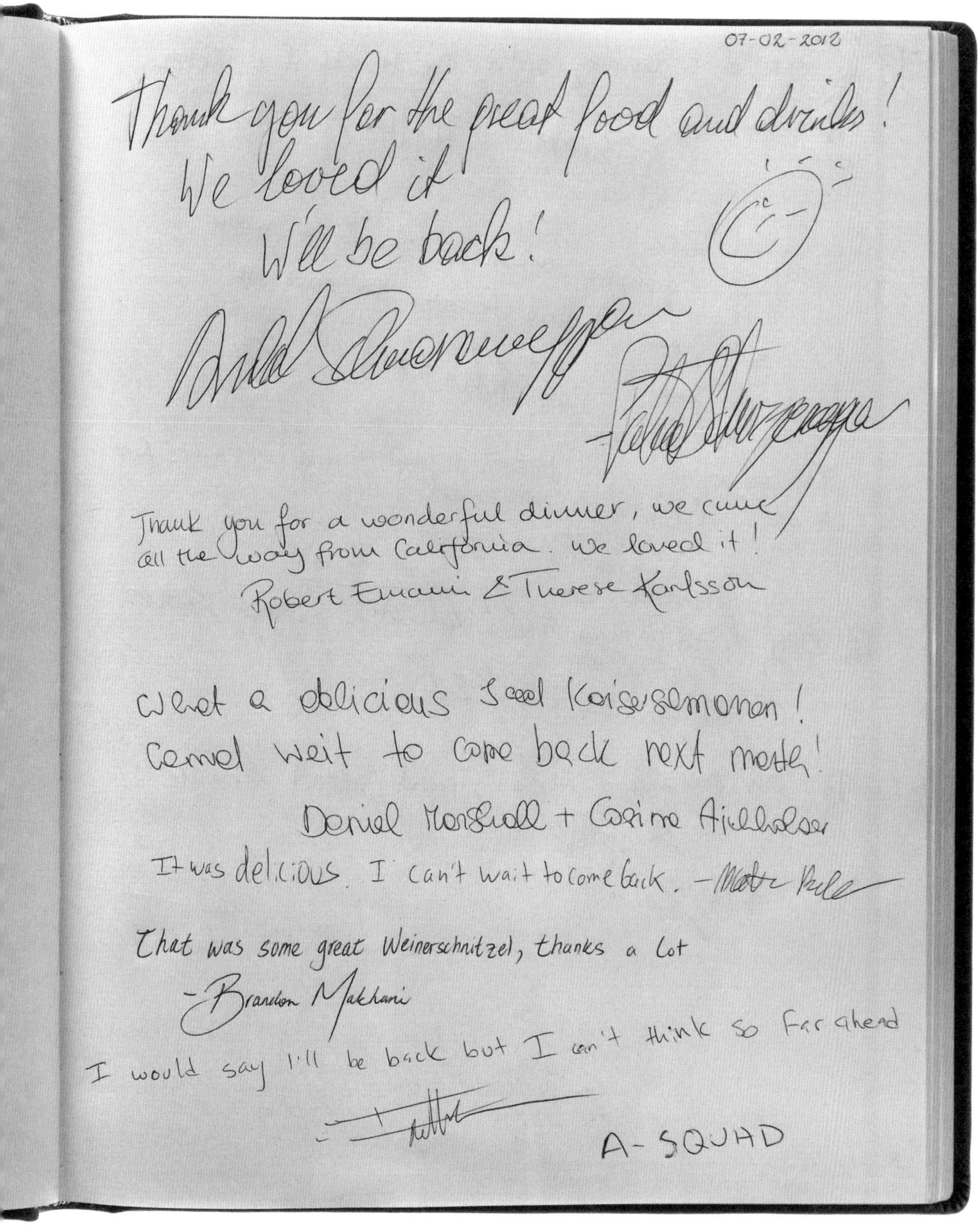

ARNOLD SCHWARZENEGGER Schauspieler, Politiker

Arnold Alois Schwarzenegger (geb. 1947 in Thal) ist ein austroamerikanischer Schauspieler und Politiker. Er gilt als der weltweit erfolgreichste Bodybuilder, der insbesondere durch seine Verkörperung des „Terminators" bekannt wurde. Von 2003 bis 2011 war er der 38. Gouverneur Kaliforniens.

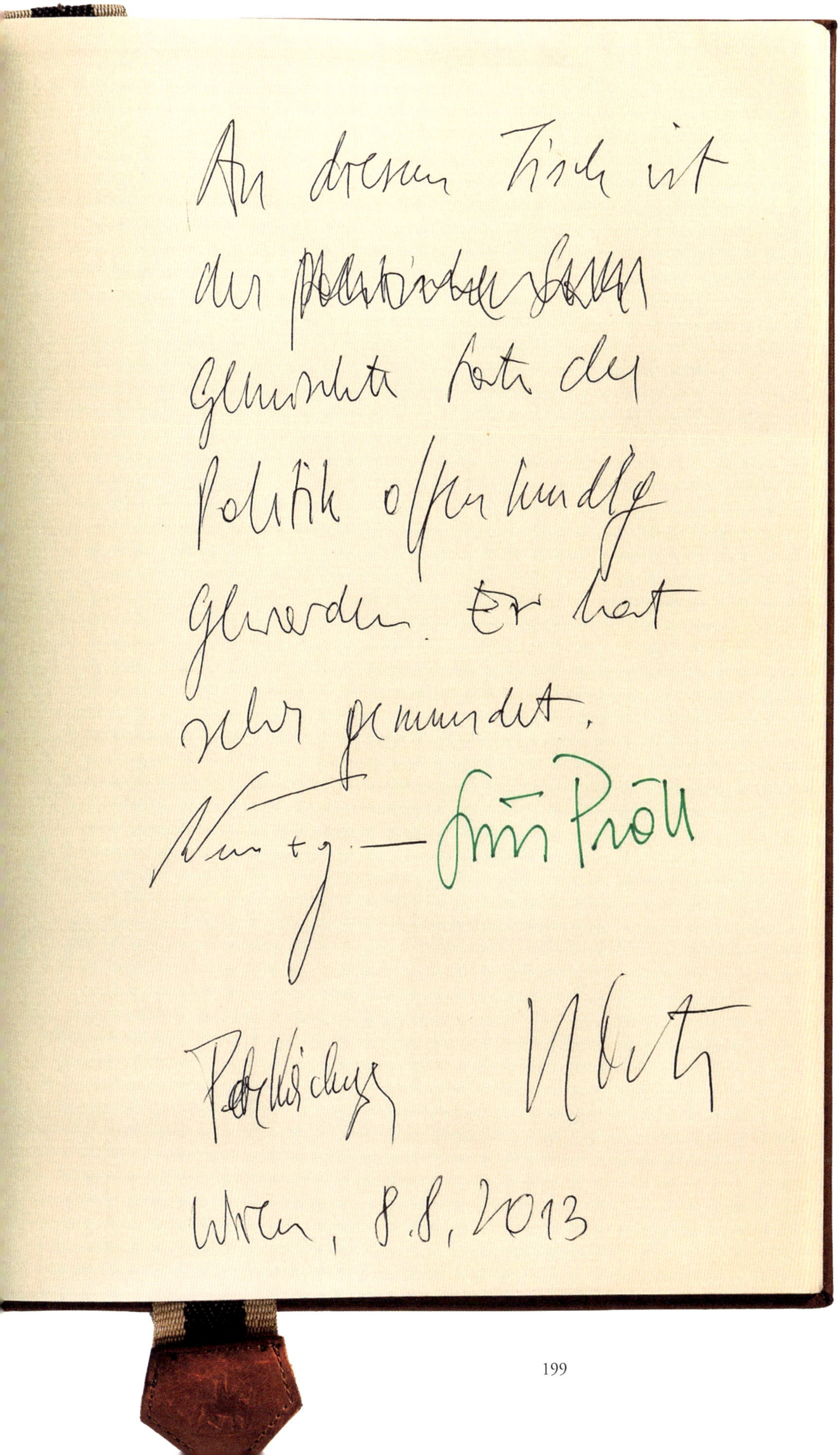

DER REBLAUSPAKT

Zeitungsente

„An diesem Tisch ist der Gemischte Satz der Politik offenkundig geworden. Er hat sehr gemundet.“ SP-Bundeskanzler Werner Faymann, sein Staatssekretär Josef Ostermayer und der niederösterreichische VP-Landeshauptmann Erwin Pröll gemeinsam beim Mayer am Pfarrplatz. Die „Kronen Zeitung“ vermutete hinter dem Treffen einen „geheimen Reblauspakt“.

T. C. BOYLE
Schriftsteller

Thomas Coraghessan Boyle (geb. 1948 in Peekskill, New York) ist ein US-amerikanischer Schriftsteller und unterrichtet an der University of Southern California in Los Angeles. Boyle ist bekannt für seine historischen Romane, er ist ein Enfant terrible der amerikanischen Gegenwartskultur und Pop- und Literaturstar seiner Generation.

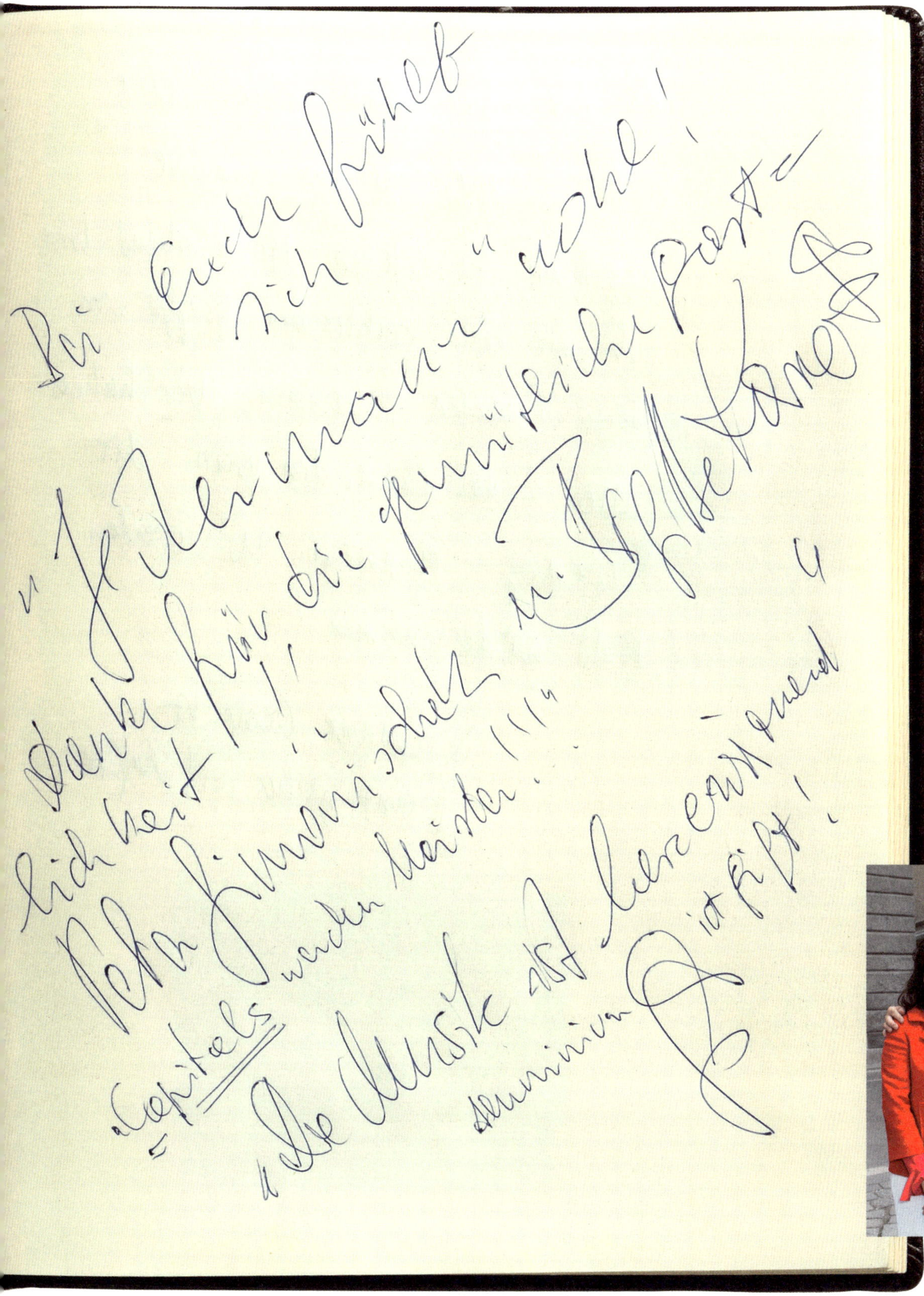

BRIGITTE KARNER & PETER SIMONISCHEK

Schauspieler

Peter Maria Simonischek ist seit 1999 Ensemblemitglied des Wiener Burgtheaters, wo er mit zahlreichen namhaften Regisseuren gearbeitet hat. Von 2002 bis 2009 verkörperte er den „Jedermann" bei den Salzburger Festspielen. Seit Ende der 70er Jahre ist Peter Simonischek auch regelmäßig im Fernsehen und im Kino zu sehen. Seine Stimme ist auf vielen Hörbüchern zu hören.

Seine Frau Brigitte Karner, ebenfalls eine Schauspielerin, die von Bühne, TV, Rezitationsabenden und Lesungen bekannt ist, kümmert sich auch um die Ausbildung der nächsten Schauspielergeneration.

„Wer glaubt, etwas
zu sein, hat aufgehört,
etwas zu werden."
Rudolf Buchbinder

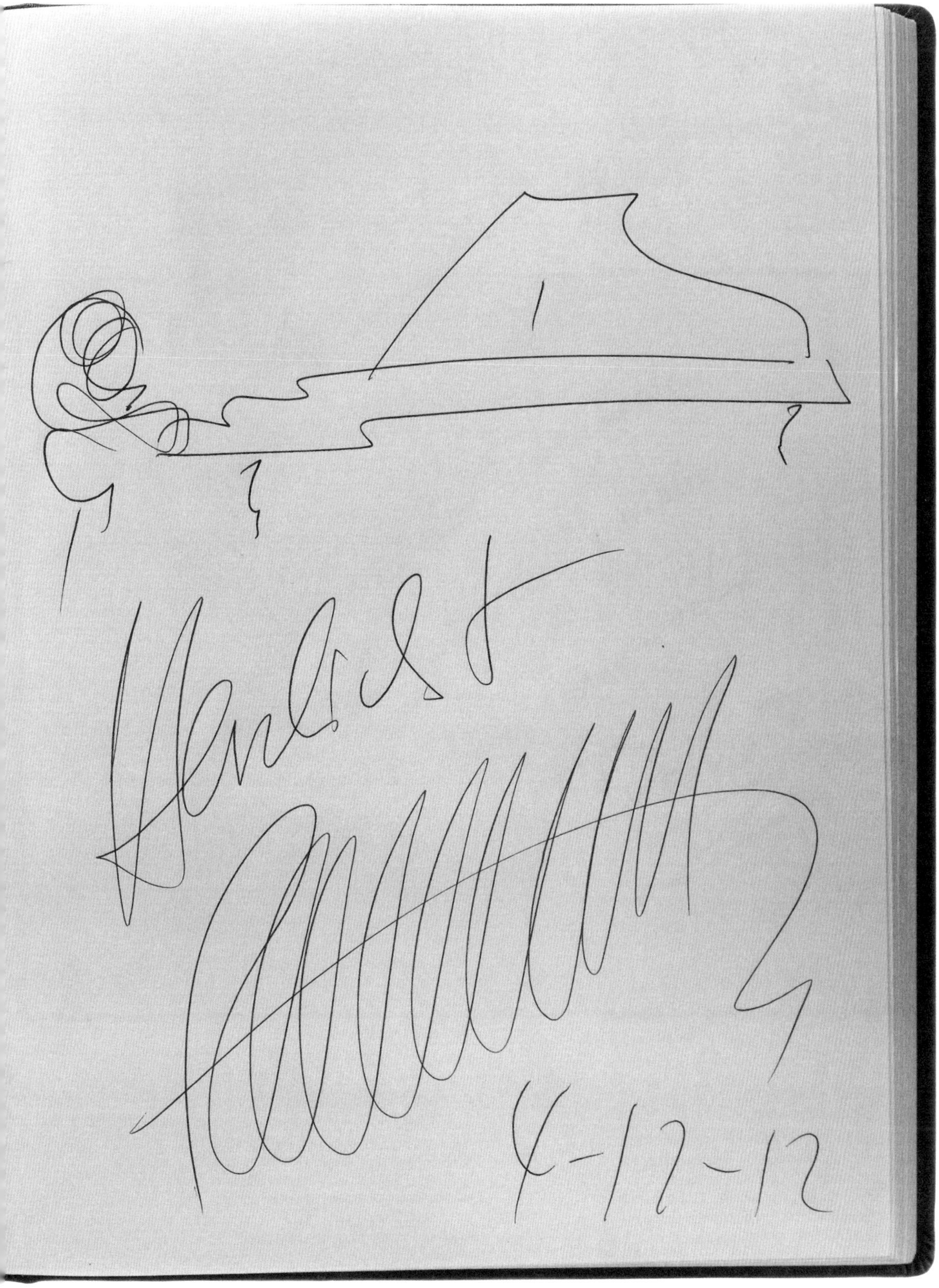

RUDOLF BUCHBINDER
Klaviervirtuose

Rudolf Buchbinder (geb. 1946 in Litoměřice) ist einer der berühmtesten Pianisten der Welt. Er trat mit allen großen Orchestern und Dirigenten auf. Gelegentlich dirigiert er auch selbst vom Klavier aus. Er gilt als der renommierteste Beethoven-Spezialist und hat mehr als 200 Tonträger bespielt. Seit 2007 ist er Künstlerischer Leiter des Musikfestivals Grafenegg.

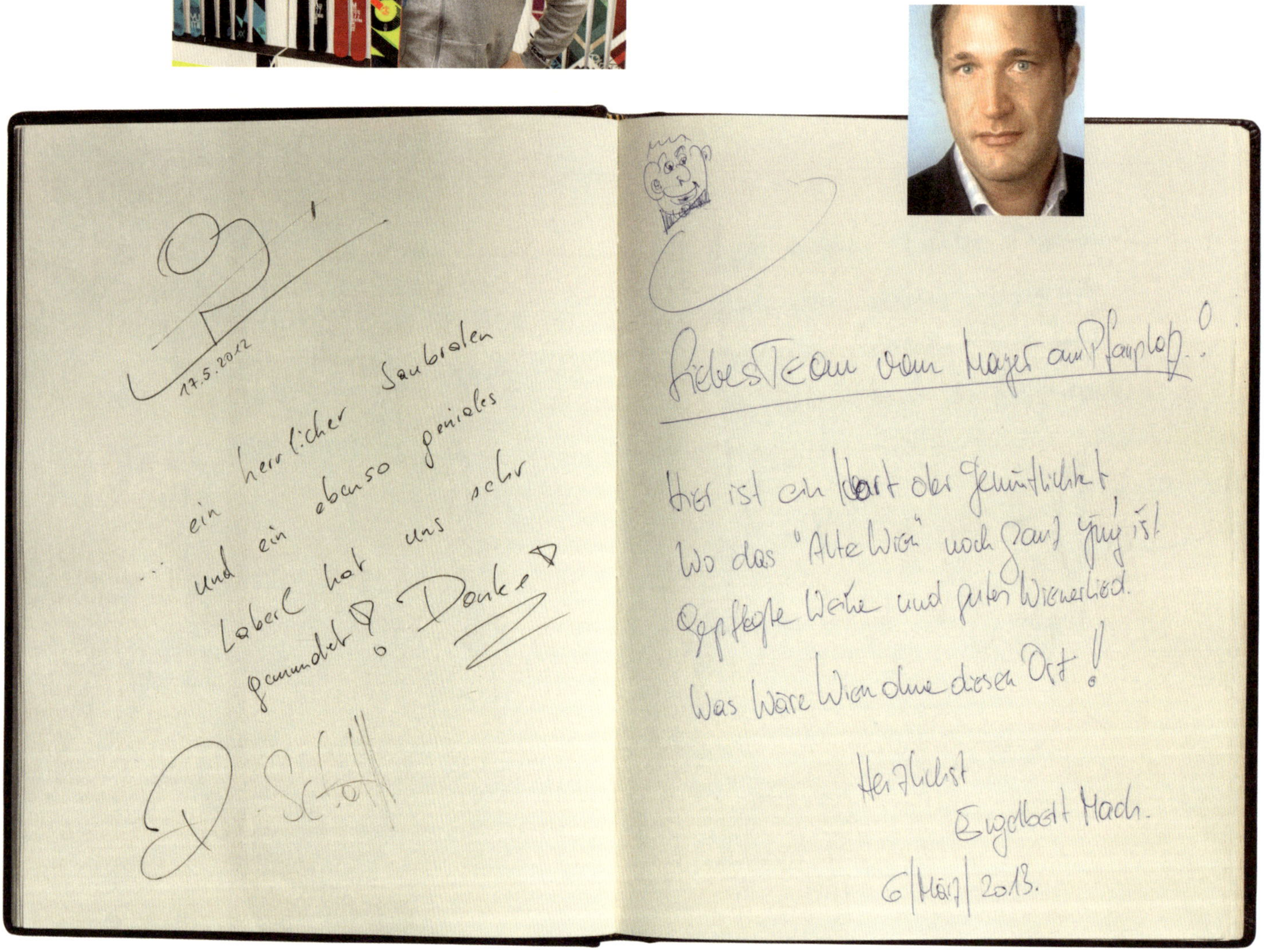

RAINER SCHÖNFELDER

Skirennläufer

Rainer Schönfelder ist ein ehemals erfolgreicher österreichischer Skirennläufer. Er war vorwiegend auf die technischen Disziplinen Slalom und Riesenslalom spezialisiert, startete im Laufe seiner Karriere aber auch öfters in Kombinationen sowie in Abfahrt und Super-G.

ENGELBERT MACH

Unternehmensberater

„Hier ist das ‚Alte Wien' noch ganz jung", meint Dr. Dr. Engelbert Mach, Geschäftsführer von per-form Unternehmensberatung und langjähriger Stammgast beim Mayer am Pfarrplatz. „Was wäre Wien ohne diesen Ort?"

HARALD SERAFIN
Kammersänger

Harald „Mr. Wunderbar" Serafin (geb. 1931 in Kybartai, Litauen) ist ein österreichischer Kammersänger. Otto Schenk entdeckte einst das komische Talent Serafins und machte ihn zum „singenden Bonvivant der Operette". Von der *New York Times* wurde er als „Walter Matthau der Wiener Operette" bezeichnet. Serafin war zwanzig Jahre lang Intendant der Seefestspiele Mörbisch.

VIKTOR GERNOT
Künstler

Geboren 1965 in Enns, OÖ, ist Kabarettist, Schauspieler, Stimmenimitator, Fernsehmoderator, Musiker und Sänger. Bekannt wurde er mit der Kabarettistengruppe „Die Hektiker", Solo-Programmen sowie durch zahlreiche TV-Auftritte und Musicals.

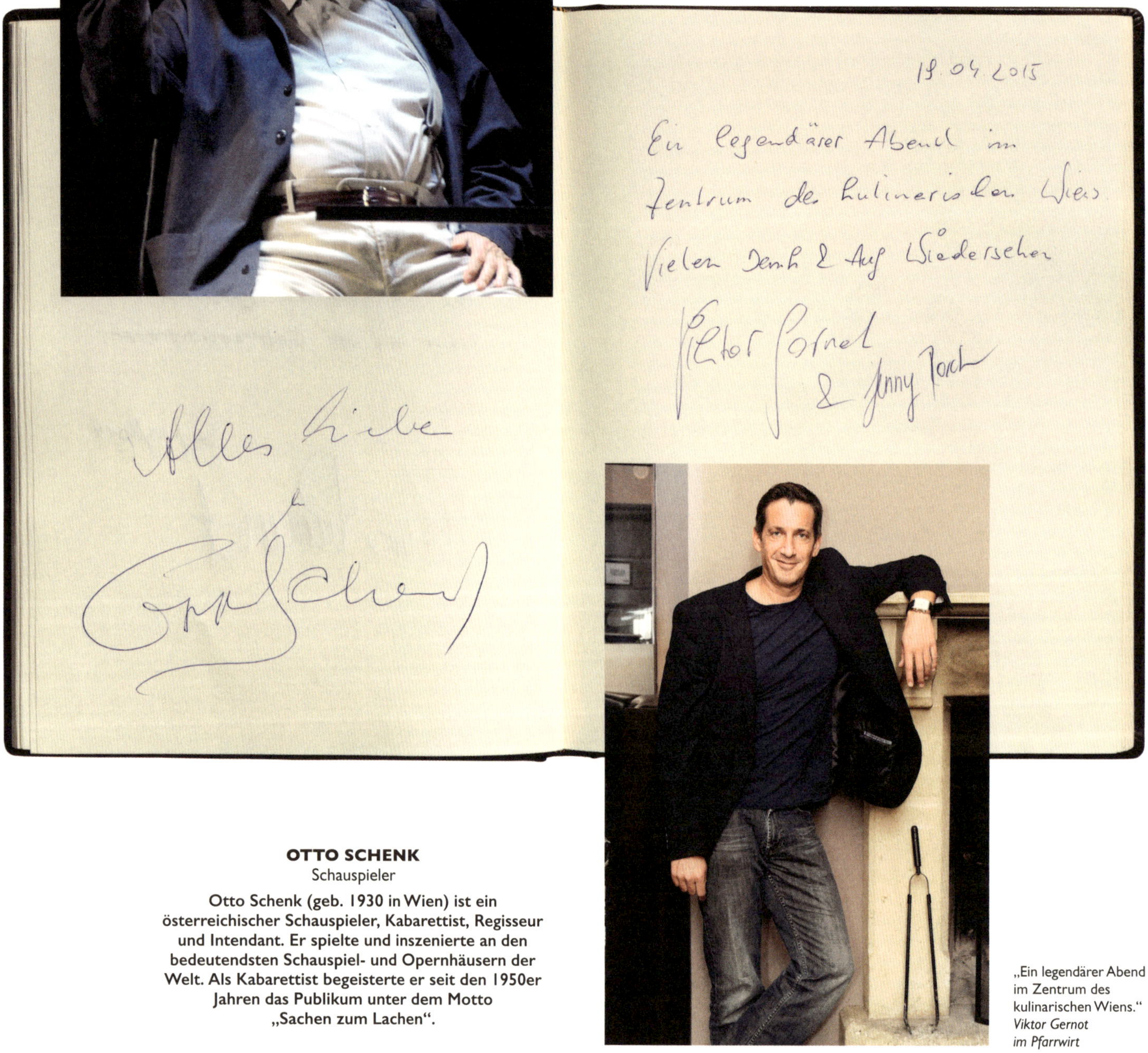

„Ein legendärer Abend im Zentrum des kulinarischen Wiens."
Viktor Gernot im Pfarrwirt

OTTO SCHENK
Schauspieler

Otto Schenk (geb. 1930 in Wien) ist ein österreichischer Schauspieler, Kabarettist, Regisseur und Intendant. Er spielte und inszenierte an den bedeutendsten Schauspiel- und Opernhäusern der Welt. Als Kabarettist begeisterte er seit den 1950er Jahren das Publikum unter dem Motto „Sachen zum Lachen".

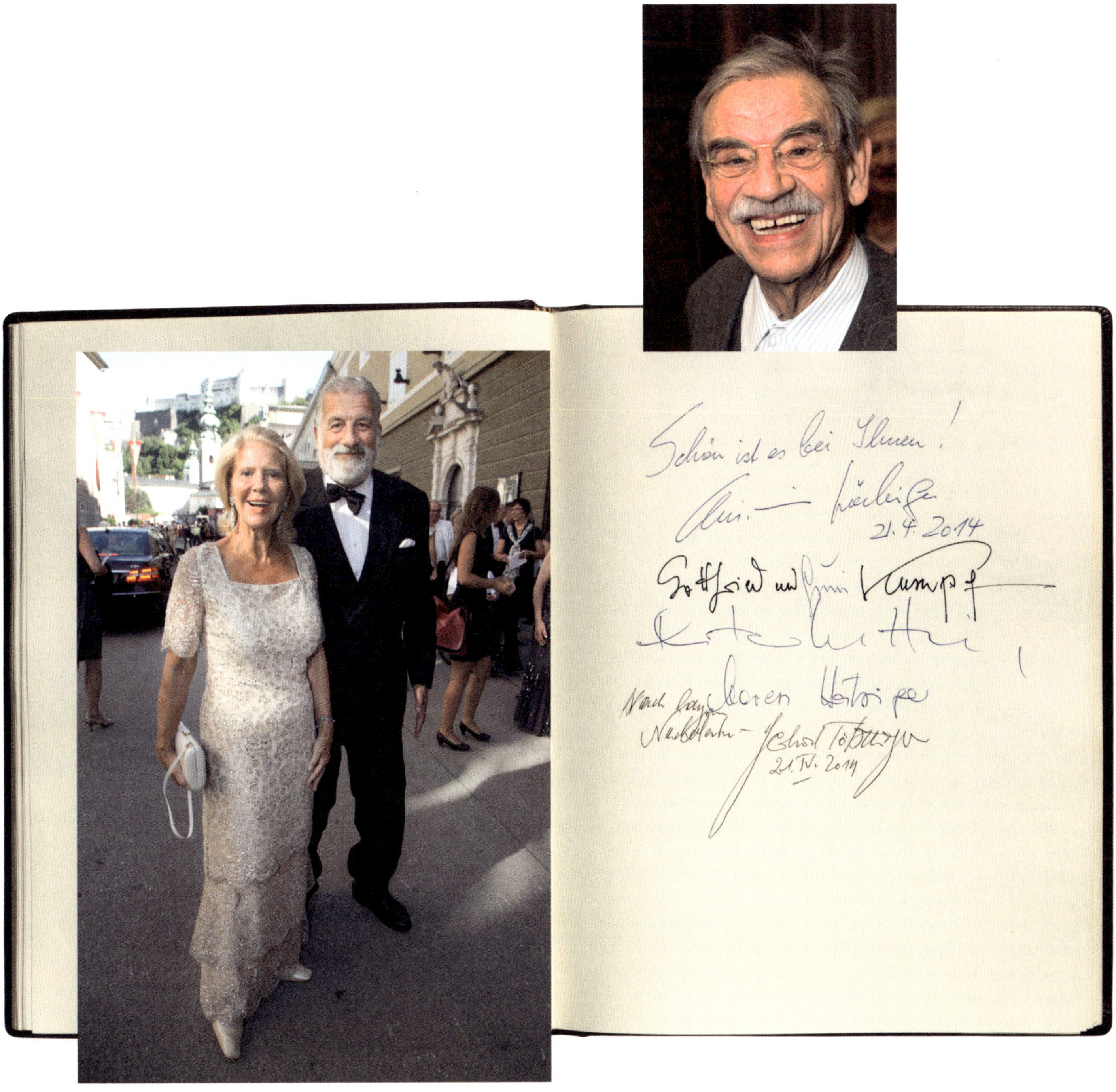

CHRISTIANE HÖRBIGER &
GERHARD TÖTSCHINGER
Schauspieler

Christiane Hörbiger, die Tochter von Attila Hörbiger (1896–1987) und Paula Wessely (1907–2000), ist eine österreichisch-schweizerische Schauspielerin. Ihr Lebensgefährte Gerhard Tötschinger (1946–2016) war Schauspieler, Intendant und Schriftsteller.

GOTTFRIED KUMPF
Künstler

Gottfried Kumpf (geb. 1930 in Annaberg im Lammertal) ist ein österreichischer Maler, Graphiker und Bildhauer. Hauptthema seiner naiven Malerei sind Landschaften und der Asoziale, der meist in einer Bildecke versteckt ist.

Frohe Weihnachten im Pfarrwirt: Otto Waalkes im Bild mit Rainer Husar

ROBERT KRATKY
Radiomoderator

Die „Ö3-Wecker"-Stimme (geb. 1973 in Salzburg) gilt als der populärste Moderator Österreichs. Der Erfinder von Comedys wie „Vignettenman", „Mikromann" oder „Oma Raithofer & Opa Kratky" machte aber auch als Buchautor und Fernsehmoderator auf sich aufmerksam und gewann 2015 den Österreichischen Radiopreis.

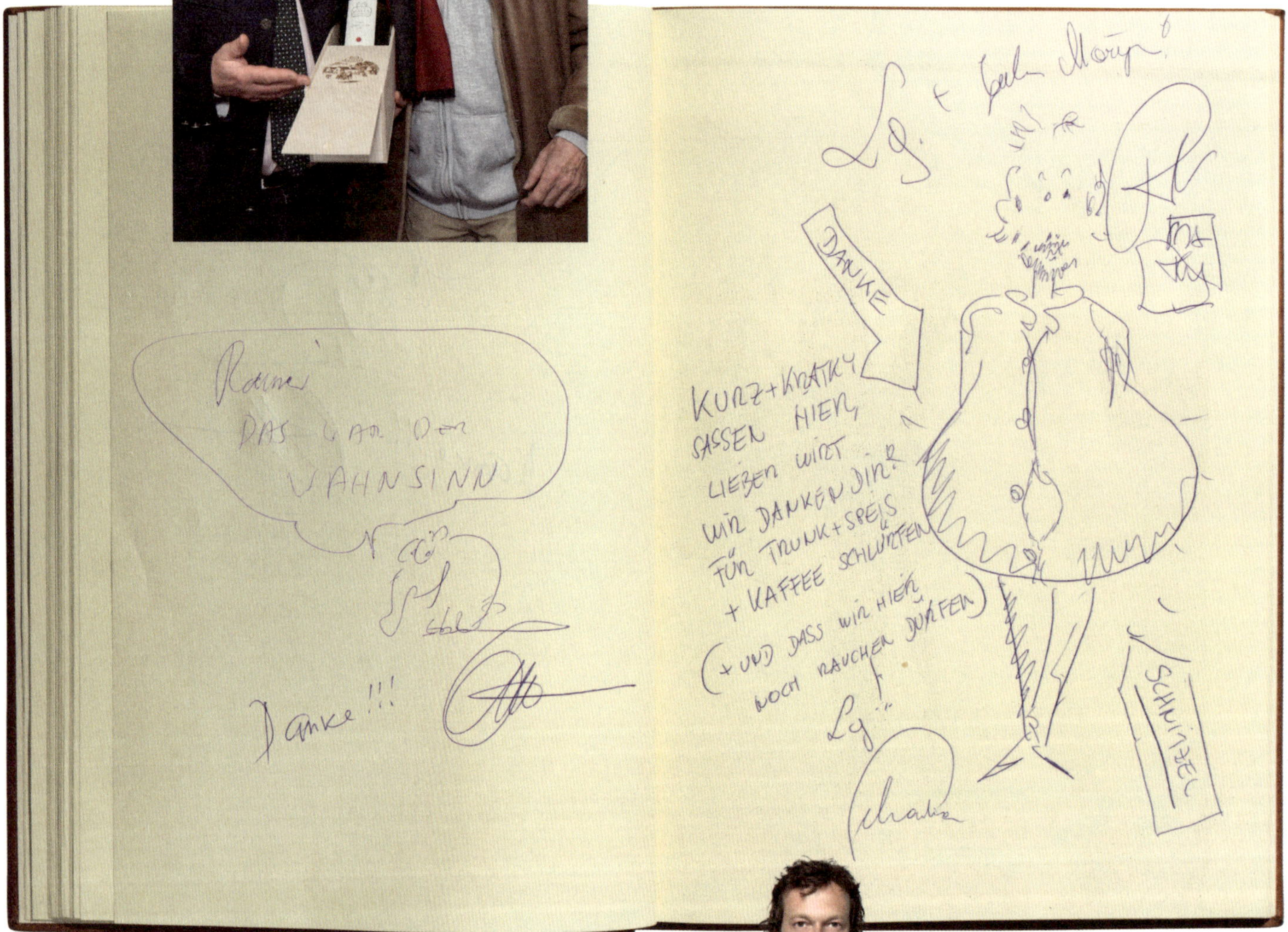

OTTO WAALKES
Ostfriese

Der Komiker, Zeichner, Musiker, Schauspieler und Regisseur „Otto" (geb. 1948 in Emden) ist einer der erfolgreichsten Vertreter des deutschen Humors. Waalkes' Witz beruht auf albern-witziger Sprache, Geräuschen und Körpersprache. Ein stilistisches Mittel sind Parodien. Viele Otto-Sketche, -Lieder und -Reime gehören längst zum kollektiven Gedächtnis und wurden Kulturgut. PS: „Einen hab ich noch!"

ANHANG

Der Riesling Nussberg vom Mayer am Pfarrplatz ist Klasse.
Aber nicht einsame.

DIE WEINE VOM WEINGUT MAYER AM PFARRPLATZ

FRÄULEIN ROSÉ VON DÖBLING

Ausgesuchte Pinot-noir-Trauben aus Wiener Weingärten wurden Mitte September geerntet und mit önologischem Know-how aus Aix-en-Provence verarbeitet. Zartes Lachsrosa, feine Waldbeeren- und Ribiselaromen, ausbalanciert und höchst elegant am Gaumen, mit mineralischem Nachhall. So präsentiert sich „Fräulein Rosé von Döbling".

2015: erster Jahrgang

GRÜNER VELTLINER

Grüner Apfel und klassische Pfefferaromen prägen diesen Wein. Am Gaumen dezente Grapefruit und Kräuterwürze. Klassischer und sehr typischer Grüner Veltliner. Der perfekte Speisebegleiter!

2013: Goldmedaille Landesweinbewertung
2014: 89 *Falstaff*-Punkte
Sakura – Japan Women's Wine Award – Gold Award

WIENER GEMISCHTER SATZ DAC

Der Klassiker im Hause Mayer am Pfarrplatz! Auf Basis von Grünem Veltliner, Riesling, Rotgipfler und Zierfandler präsentiert sich dieser Wein sehr duftig und aromatisch. In der Nase Zitrus- und Birnenfrucht, am Gaumen verspielt und elegant, im Abgang mit einer erfrischend knackigen Säure.

2011: Goldmedaille Landesweinbewertung
Finalist Wiener Weinpreis
89 *A la Carte*-Punkte
SALON-Sieger
2012: Silber Decanter World Awards
90 *Falstaff*-Punkte
2013: 91 *Falstaff*-Punkte
Goldmedaille Landesweinbewertung
2014: Goldmedaille Landesweinbewertung
Bronzemedaille Decanter Wine Award
92 *Falstaff*-Punkte
92 Punkte im *A la Carte*-Weinführer
2015: Goldmedaille Landesweinbewertung
90 *Falstaff*-Punkte
2016: Goldmedaille Landesweinbewertung
Finalist Wiener Weinpreis

GRÜNER VELTLINER SCHENKENBERG

Duft nach Saftbirne und gelbem Apfel. Am Gaumen cremig-dichte Textur, in der sich die Birne wiederfindet. Säure und Würze bilden eine abwechslungsreiche Struktur. Ein sehr saftiger und konzentrierter Grüner Veltliner.

2012: Goldmedaille Landesweinbewertung
92 *Falstaff*-Punkte
2013: Goldmedaille Landesweinbewertung
92 *Falstaff*-Punkte
A la Carte – Grand-Cru-Sieger – 94 Punkte
2014: Goldmedaille Landesweinbewertung
91 *Falstaff*-Punkte
94 Punkte im *A la Carte*-Weinführer
2015: Goldmedaille Landesweinbewertung
91 *Falstaff*-Punkte
2016: Goldmedaille Landesweinbewertung
Finalist Wiener Weinpreis

WIENER GEMISCHTER SATZ DAC NUSSBERG

Dieser Wein präsentiert sich auf Basis von fünf Rebsorten sehr kraftvoll und konzentriert. Im Duft ist ein sehr konzentrierter Tropenfruchtkorb erkennbar. Saftige Struktur mit schmelzigem Körper. Druckvoller Gaumen mit fruchtiger Extraktsüße im Abgang.

2011: 3. Platz Bezirksweinverkostung
Finalist Wiener Weinpreis
Österreichs beste Weißweine – 4 Gläser
Goldmedaille Landesweinbewertung
Wiener Landessieger
2012: 93 *Falstaff*-Punkte
Österreichs beste Weißweine – 4 Gläser
2013: 92 *Falstaff*-Punkte
Goldmedaille Bezirksweinverkostung
Goldmedaille Landesweinbewertung
awc Goldmedaille
2014: Goldmedaille Landesweinbewertung
93 *Falstaff*-Punkte
93 Punkte im *A la Carte*-Weinführer
2015: Goldmedaille Landesweinbewertung
91 *Falstaff*-Punkte
2016: Goldmedaille Landesweinbewertung

RIESLING ALSEGG

Der Riesling versprüht einen intensiven Duft von hochreifen Marillen und Pfirsichen. Am Gaumen feine Fruchtsüße, welche die Säure gut integriert. Der Körper ist mittelkräftig und gut ausbalanciert. Ein sehr lebendiger Wein, der viele Geschmackserlebnisse bietet.

2011: Goldmedaille Landesweinbewertung
Finalist Wiener Weinpreis
90 *A la Carte*-Punkte
2012: 90 *Falstaff*-Punkte
2013: Goldmedaille Landesweinbewertung
89 *Falstaff*-Punkte
2014: Goldmedaille Landesweinbewertung
89 *Falstaff*-Punkte
2015: Goldmedaille Landesweinbewertung
Landessieger in der Kategorie „Riesling",
Bester Riesling Wiens
91 *Falstaff*-Punkte
2016: Goldmedaille Landesweinbewertung
Meininger's Best of Riesling 16 –
91 Punkte in der Kategorie „Lagen-Riesling trocken"

RIESLING NUSSBERG

Eine wahre Aromenexplosion erinnert in der Nase an Marillenröster und Maracuja. Eine enorme Fruchtstruktur setzt sich am Gaumen fort. Die elegante Säure balanciert den kraftvollen Körper perfekt aus. Ein archetypischer Riesling mit viel Klasse.

2011: Österreichs beste Weißweine – 4 Gläser
A la Carte – Grand-Cru-Riesling – 93 Punkte
2012: Goldmedaille Landesweinbewertung
93 *Falstaff*-Punkte
Österreichs beste Weißweine – 4 Gläser
awc Goldmedaille
17 von 20 *Gault&Millau*-Punkten
2013: Goldmedaille Landesweinbewertung
92 *Falstaff*-Punkte
2014: Goldmedaille Landesweinbewertung
5/5 Gläser im *Österreich Weißwein Guide 2014*
92 *Falstaff*-Punkte
92 Punkte im *A la Carte*-Weinführer
2015: 93 *Falstaff*-Punkte
2016: 17,5 von 20 *Gault&Millau*-Punkten
Goldmedaille Landesweinbewertung
Finalist Wiener Weinpreis

SAUVIGNON BLANC HERNALS

Der Duft erinnert an exotische Früchte und reife Stachelbeeren. Extraktsüß und opulenter Fruchtschmelz am Gaumen, vielschichtige Mineralik, die geprägt ist durch die Lage Alsegg in Wien-Hernals.

2015: 93 *Falstaff*-Punkte
A la Carte-Grand-Cru-Sieger
2016: Goldmedaille Landesweinbewertung
Finalist Wiener Weinpreis

RIESLING NUSSBERG WEISSER MARMOR

Konzentrierte Marillen- und Tropenfruchtaromen, die mit Orangenzesten unterlegt sind. Sehr feingliedrig und ziseliert am Gaumen. Sehr straff und mineralisch, mit frischem Säurebogen im Abgang. Blütenhonig und Marillenmarmelade im Nachhall. Der enorme Ausdruck der Lage Nussberg ist durch salzige Aromen auf der Zunge erkennbar. Ein großer Wein, der nicht jedes Jahr entsteht!

2012: Goldmedaille Landesweinbewertung
Wiener Landessieger
93 *Falstaff*-Punkte
2013: Goldmedaille Landesweinbewertung
93–95 *Falstaff*-Punkte
A la Carte – Grand-Cru-Siegerriesling
Vinaria Riesling Sieger
awc Goldmedaille
2014: Goldmedaille Landesweinbewertung
93 *Falstaff*-Punkte
94 Punkte im *A la Carte*-Weinführer
2016: Goldmedaille Landesweinbewertung
Finalist Wiener Weinpreis

GELBER MUSKATELLER

Ausgeprägte Aromen von Holunderblüten und Zitruszesten. Am Gaumen lebendig und trinkanimierend mit intensiver fruchtiger Textur. Sehr traubig und saftiger Trinkfluss. Ein erfrischender Aperitif und idealer Sommerwein.

2011: 1. Platz Bezirksweinverkostung
2012: Goldmedaille Landesweinbewertung
1. Platz Bezirksweinverkostung
2013: Goldmedaille Bezirksweinverkostung

SAUVIGNON BLANC

Duft von Litschi und feinen Holunderblüten, saftig und feinwürzig am Gaumen, lebendiger Abgang mit eleganten Cassisaromen.

2011: Österreichs beste Weißweine – 4 Gläser
18,5 von 20 *Gault&Millau*-Punkten
92 *A la Carte*-Punkte
2012: Wiener Landessieger
92 *Falstaff*-Punkte
Gold Austrian Wine Challenge
Österreichs beste Weißweine – 4 Gläser
awc Goldmedaille
2013: Goldmedaille Bezirksweinverkostung
Goldmedaille Landesweinbewertung
awc Goldmedaille
2014: Goldmedaille Landesweinbewertung
1. Platz Döblinger Weinverkostung
91 Punkte im *A la Carte*-Weinführer
2015: Goldmedaille Landesweinbewertung
1. Platz Döblinger Weinverkostung
89 *Falstaff*-Punkte
2016: Wiener Landessieger

RIESLING TROCKENBEERENAUSLESE

Duft nach Honig und Lindenblüten, auch am Gaumen Honig und enorme Süße, fast schon ölige Textur, ein Wein für die nächsten Jahrzehnte.

2011: Goldmedaille bei der Landesweinbewertung
Österreichs beste Süßweine – 5 Gläser
2012: Österreichs beste Süß- und Rotweine – 5 Gläser
awc Goldmedaille
2014: 93 *Falstaff*-Punkte
93 Punkte im *A la Carte*-Weinführer
2015: Goldmedaille bei der Landesweinbewertung
5/5 Gläser im *Österreich Rotwein Guide 2015*
2016: 17,5 von 20 *Gault&Millau*-Punkten

Fräulein Rose von Döbling.

Riede Alsegg. Seit 1042.

DIE WEINE VOM WEINGUT ROTES HAUS

WIENER GEMISCHTER SATZ DAC

Aromen von Weißburgunder, Grauburgunder, Neuburger und etwas Traminer finden sich in diesem Gemischten Satz. Die kräftige Exotik in der Nase erinnert an Banane und Ananas. Am Gaumen kraftvoll und cremig, mit Honigmelone unterlegt.

2010: Goldmedaille Landesweinbewertung
90 *Falstaff*-Punkte
2011: 91 *Falstaff*-Punkte
90 *A la Carte*-Punkte

GRÜNER VELTLINER

Vielschichtige Aromatik von Tabak und Bratapfel. Am Gaumen erkennt man eine kraftvolle Kombination aus Würze und hochreifen Obstsorten wie Golden Delicious und Mostbirne. Pikante Pfeffermischung belebt den kräftigen Körper. Druckvoller, langer Abgang.

2009: *A la Carte* – Grand-Cru-Sieger – 91 Punkte
2010: Goldmedaille Landesweinbewertung
89 *Falstaff*-Punkte
2011: 90 *Falstaff*-Punkte
91 *A la Carte*-Punkte
2012: Goldmedaille Landesweinbewertung
91 *Falstaff*-Punkte
90 *A la Carte*-Punkte
2013: Goldmedaille Landesweinbewertung
92 *Falstaff*-Punkte
2014: Goldmedaille Landesweinbewertung
92 *Falstaff*-Punkte
1. Platz Döblinger Weinverkostung
2015: 92 *Falstaff*-Punkte

WIENER GEMISCHTER SATZ DAC NUSSBERG

Elegante Bananenfrucht und Biskuitnoten in der Nase. Gelbe Saftbirne und Honigmelone am Gaumen, druckvoll und würzig, mit feiner Vanille unterlegt. Langer wärmender und sehr cremiger Abgang. Ein sehr mächtiger Wein mit enormem Reifepotenzial.

2010: Decanter World Wine Awards – Silver Medal
91 *A la Carte*-Punkte
2011: Goldmedaille Landesweinbewertung
Österreich beste Weißweine – 5 Gläser
91–93 *Falstaff*-Punkte
2012: 93 *Falstaff*-Punkte
91 *A la Carte*-Punkte
2013: Goldmedaille Landesweinbewertung
92–94 *Falstaff*-Punkte
2014: 91–93 *Falstaff*-Punkte
2015: 93 *Falstaff*-Punkte
2016: Goldmedaille Landesweinbewertung
Finalist Wiener Weinpreis

TRAMINER

Wuchtige Aromen von Rosen und Holunderblüten. Auch am Gaumen sehr druckvoll, fast ätherisch. Sehr dichter Körper mit einer gut integrierten Süße. Langer Abgang und ein Nachhall von Blütenhonig. Toller Dessert- und Käsebegleiter!

2009: Finalist Wiener Weinpreis
95 Punkte *Falstaff*-Weinguide
2010: Goldmedaille Landesweinbewertung
95 *Falstaff*-Punkte
2012: Goldmedaille Landesweinbewertung
95 *Falstaff*-Punkte
2013: Goldmedaille Landesweinbewertung
92–94 *Falstaff*-Punkte
Goldmedaille Bezirksweinverkostung
2014: Goldmedaille Landesweinbewertung

CHARDONNAY NUSSBERG RESERVE

Biskuit, Zimt und Bourbon-Vanille in der Nase. Tropische Früchte wie Ananas und Banane springen aus dem Glas. Am Gaumen sehr dicht und opulent, mit feiner Säure hinterlegt. Spürbare Holzwürze und cremige Vanille im Abgang. Ein Chardonnay mit internationaler Stilistik.

2011: 90 *A la Carte*-Punkte
2012: Goldmedaille Landesweinbewertung
92 *Falstaff*-Punkte
2013: Goldmedaille Landesweinbewertung
93 *Falstaff*-Punkte
2014: Goldmedaille Landesweinbewertung
2015: Landessieger in der Kategorie „Chardonnay"
Bester Chardonnay Wiens
Goldmedaille Landesweinbewertung

Weihnachten steht vor der Tür.

WEINGUT
MAYER
AM PFARRPLATZ
RIESLING
Nussberg
VIENNA 19
SINCE 1683

BETRIEBE

HEURIGER BEETHOVENHAUS
MAYER AM PFARRPLATZ
Pfarrplatz 2, 1190 Wien
Montag bis Samstag: 16–24 Uhr
Sonntag & Feiertag: 12–24 Uhr
(April bis Oktober auch Samstag ab 12 Uhr)
Tel.: +43 (1) 370 12 87
www.pfarrplatz.at

PFARRWIRT
Pfarrplatz 5, 1190 Wien
Täglich von 12–24 Uhr
Tel.: +43 (1) 370 73 73
www.pfarrplatz.at

WEINGUT MAYER AM PFARRPLATZ &
WEINGUT ROTES HAUS
Pfarrplatz 2, 1190 Wien
Ab-Hof-Verkauf:
Montag bis Freitag: 9–24 Uhr
Samstag: 16–24 Uhr
Sonntag & Feiertag: 12–24 Uhr
Tel.: +43 (1) 336 01 97
www.pfarrplatz.at

BUSCHENSCHANK
MAYER AM NUSSBERG
Kahlenberger Straße ggü. Nummer 210, 1190 Wien
Freitag & Samstag: 14–22 Uhr
Sonntag & Feiertag: 12–22 Uhr
Geöffnet bei Schönwetter in der Zeit
vom 15. April bis 31. Oktober.
www.pfarrplatz.at

*Alle Weine können ab Hof sowohl beim
Mayer am Pfarrplatz als auch beim Pfarrwirt
bezogen werden.*

AUTOREN

GEORGES DESRUES
1966 geboren in Paris, aufgewachsen in Wien, lebt seit zehn Jahren als freier Journalist in Italien. Der Absolvent der Slow-Food-Universität für Gastronomische Wissenschaften schreibt und fotografiert für zahlreiche Publikationen im In- und Ausland unter anderem über die Themen Essen & Trinken, Reisen sowie Landwirtschaft. Er ist Herausgeber des jährlich erscheinenden Lokalführers *Slow Food – Gasthäuser in Österreich, Slowenien und Südtirol.*

FLORIAN HOLZER
1966 geboren in Mistelbach, aufgewachsen in Wien, Studium der Publizistik & Politologie, seit 1988 journalistisch tätig, Schwerpunkt Essen und Trinken, unter anderem bei *Falter, AZ, Der Standard, Trend, Kurier, A la Carte* und *Gault&Millau.*

CHRISTIAN SEILER
Geboren 1961 in Wien, lebt dort mit seiner Familie. Er ist seit 1984 Redakteur zahlreicher Zeitschriften (*Wiener*, Zürcher *Weltwoche)* und Gründungsmitglied und Redakteur des *Sportmagazins.* Ab 1995 war Seiler Reporter des österreichischen Nachrichtenmagazins *profil,* wo er später auch als Chefredakteur tätig war. Ab 2003 war er Chefredakteur des schweizerischen Kulturmagazins *du.* Konzepte und Umsetzungen u. a. für Red Bull *(Red Bulletin* etc.), *Frankfurter Allgemeine,* ORF, Kolumnist für Zeitschriften und Magazine *(Kurier, Handelsblatt, A la Carte, Skylines, Weltwoche)* und Autor von zahlreichen Büchern.

MARGA SWOBODA
Geboren 1955 in Vorarlberg, † 2013 in Wien. Swoboda schrieb bis Anfang der 1980er Jahre bei der *Neuen Vorarlberger Tageszeitung* in allen Ressorts, ehe sie nach Wien ging und dort als freie Mitarbeiterin bei *Wiener* und *Basta* arbeitete sowie für *Die Ganze Woche,* den *Kurier* und *profil* journalistisch tätig war. Von 1986 bis 1988 war Swoboda die erste Chefredakteurin der Frauenzeitschrift *Wienerin,* bevor sie zur *Kronen Zeitung* wechselte, für die sie 21 Jahre lang schrieb. „Wenn ich nicht mehr schreibe, bin ich tot", sagte die Vollblut-Journalistin so dahin, bevor sie im November 2013 ihre 8339. und letzte Kolumne schrieb. Unvergessen sind ihre Texte voll stillem Charme, Geschichten mitten aus dem Leben, messerscharf beobachtet und mitreißend erzählt.

NAMENSREGISTER

FOTOCREDITS

Cover Umschlag: Am Pfarrplatz: Ansichtskartenpool/ddp images/Arkivi UG
S. 6, 7, 42, 43: Illustration: Lili Schagerl/carolineseidler.com
S. 8, 29 u., 33, 34, 35, 53, 58, 65, 66, 72, 73, 76, 77, 94, 95, 114, 125, 127, 130–132, 134–208, 210–218: beigestellt von Pfarrplatz, private Fotos und Postkartensammlung
S. 10–13, 23, 32, 44, 45, 46, 47, 50, 51, 56, 57, 69, 70, 78–81, 84–85, 88, 89, 93, 103, 107, 108, 110, 123, 127, 133: Philipp Horak
S. 14, 15, 48, 49: Florian Wieser
S. 16, 17, 30: Lois Lammerhuber/Photoagentur Lammerhuber
S. 18, 19: Michael Rzepa
S. 21, 29 o.: Mario Gegenhuber
S. 25, 61, 63: Stephanie Golser
S. 26: Anna Stöcher
S. 36, 37, 82, 83, 86, 87, 96–101: Christof Wagner
S. 38, 39: Paul Kiefer
S. 40, 41: Georg Hochmuth/APA/picturedesk.com
S. 58 l. o.: Reinhard Holl
S. 58: Kollroß privat (3)
S. 62: IMAGNO/Austrian Archives
S. 74, 75: Gerhard Wasserbauer
S. 102: Thomas Schauer
S. 104, 105: Aufmacher: Mary Evans/Interfoto
S. 106: Römische Goldmünze: Mauritius Images
S. 106: Kaiser Claudius: The Art Archive/Museo Capitolino Rome/Gianni Dagli Orti/FOTOFINDER.com
S. 106: Kaiser Augustus: Friedrich/Interfoto
S. 106: Wachturm: akg-images/Peter Connolly
S. 107: Jakobskirche Heiligenstadt: ÖNB-Bildarchiv
S. 107: Kaiser Diokletian: Sammlung Rauch/Interfoto
S. 108: Der heilige Severin: Rufl Karl/ÖNB-Bildarchiv/picturedesk.com
S. 109: hl. Severin. Severinaltar in Neapel: akg-images/IMAGNO
S. 109: Kloster Heiligenstadt: picturedesk.com/ÖNB-Bildarchiv/Ruß Karl/Interfoto
S. 109: hl. Severin klein: Bahnmüller/Interfoto
S. 110: hl. Leopold: IMAGNO/Austrian Archives
S. 110: Flaschenfoto: Roland Unger
S. 110: hl. Leopold Druckgrafik: Sammlung Rauch/Interfoto
S. 111: Stift Klosterneuburg: Rainer Hackenberg/Visum/picturedesk.com
S. 111: Matthias Corvinus: ddp images
S. 111: König Albrecht II.: Sammlung Rauch/Interfoto/picturedesk.com
S. 112: Kaiser Friedrich III.: akg-images/Erich Lessing
S. 112: Kaiser Maximilian mit Familie: Interfoto/PHOTOAISA/BEBA
S. 112: Erste Wiener Türkenbelagerung: Fine Art Images
S. 113: Süleyman: bpk/Kupferstichkabinett, SMB/Jörg P. Anders
S. 113: Türkische Planzeichnung Wiens: akg-images/picturedesk.com
S. 114, 115: Schlacht am Kahlenberg: IMAGNO/Wien Museum
S. 115: Kara Mustafa: Fine Art Images
S. 116: Grinzing mit Kahlenberg: ÖNB-Bildarchiv
S. 116: St. Leopoldskirche: ddp images/United Archives
S. 116: Johann III. Sobieski: bpk
S. 116: Flugblatt zum Frieden von Karlowitz: bpk
S. 117: Am Pfarrplatz: ansichtskartenpool/ddp images/Arkivi UG
S. 117: Französische Revolution: Interfoto
S. 118: Heiligenstädter Kirche: ÖNB-Bildarchiv
S. 118: Franz Gaheis: ÖNB-Bildarchiv
S. 118: Napoleon Bonaparte: Eastblockworld.com
S. 119: Beethoven Zeichnung: 91020/United Archives/picturedesk.com
S. 119: Ludwig van Beethoven: World History Archive/TopFoto/picturedesk.com
S. 119: „Eroica“: akg/De Agostini Picture Lib.
S. 121: Beethovens „Heiligenstädter Testament“ 1. Seite: bpk
S. 122: Briefmarke: IMAGO
S. 122: Handschrift aus der „Eroica“: ullstein bild
S. 122: Gemälde Metternich: akg-images
S. 123: Fritz Kortner in „Beethoven“: ullstein bild
S. 124: Pförtnerhaus Rothschildgärten: Michael Reidinger
S. 124: Nathaniel Meyer v. Rothschild: akg-images/IMAGNO
S. 124: Reblaus: Prisma/Morphart
S. 124: Logo First Vienna Football Club 1894: IMAGO
S. 125: Fußballmannschaft: ÖNB-Bildarchiv
S. 125: Plakat „The Jazz Singer“ (1927); Pers: Al Jolson; Dir: Alan Crosland; WARNER BROS/Kobal Collection/FOTOFINDER.COM
S. 126: Schrammeln: Krziwanek, Rudolf/ÖNB-Bildarchiv/picturedesk.com
S. 126: „Schrammeln“ (D 1944, Regie: Géza von Bolváry) Hans Holt, Hans Moser: dpa Picture-Alliance
S. 129: Pakhnyushchyy/fotolia.com
S. 130: Karikatur von Hanns Erich Köhler, Bildnachweis: Wilhelm Busch – Deutsches Museum für Karikatur und Zeichenkunst (Hannover). © Wilhelm-Busch-Gesellschaft e. V., Hannover
S. 130, 131: Leopold Figl (Staatsvertrag): IMAGNO/Austrian Archives
S. 130–208: Gästebuchseiten beigestellt von Pfarrplatz, abfotografiert von Michael Markl
S. 136: Gunther Philipp: Oliver J. Graf/Interfoto
S. 137: Heinz Rühmann: SZ-Photo/SZ-Photo/picturedesk.com
S. 138: Hans Hass: Friedrich/Interfoto/picturedesk.com
S. 140: Lotte Lehmann: IMAGNO/picturedesk.com
S. 141: Pawel Romanowitsch Popowitsch: INTERFOTO/Friedrich
S. 142: Hans Jürgen Bäumler: Schinkel/INTERFOTO
S. 143: Alice Kessler: ddp images, aus dem Film „Vier Mädels aus der Wachau“
S. 143: Johannes Mario Simmel: Istvan Bajzat/dpa/picturedesk.com
S. 145: Mercedes Silverpfeil: Foto: Daimler AG Beschreibung: Mercedes-Benz W 25, Formel-Rennwagen in der Ausführung von 1936: kleine Lufteinlassöffnungen an der Frontmaske und vollkommen verkleidete Schwingarme an der Hinterachse

S. 146: Pierre Brice: A.P.L. Allstar Picture Library / Jadran Film, aus dem Film „Winnetou: The Red Gentleman" (1964)
S. 149: Peter Alexander, Interfoto / picturedesk.com
S. 150: Robert Mitchum: United Archives / picturedesk.com, Foto aus „Goldenes Gift" mit Kitty Moffat (Jane Greer), Jeff Malcolm alias Bailey (Robert Mitchum)
S. 153: Georg Danzer: SZ-Photo / picturedesk.com
S. 154: Curd Jürgens: Esslinger / Interfoto / picturedesk.com, Aufgenommen während den Dreharbeiten zum Film „Fähre nach Hongkong" („Ferry to Hong Kong", 1959)
S. 155: André Heller: SZ-Photo / picturedesk.com
S. 155: Eliette Karajan: Imago Sportfotodienst
S. 159: Toyota Cressida: OSX, 1985 Toyota Cressida (MX73) GLX-i sedan. Photographed in Sans Souci, New South Wales, Australia.
S. 162: Omar Sharif in „Lawrence of Arabia" (1962): 90061 / United Archives / picturedesk.com
S. 163: Ernst Hinterseer: IMAGNO / ullstein
S. 163: Josef „Pepi" Fischer: Franz Neumayr / picturedesk.com
S. 165: Renate Holm: Peter Kurz / CONTRAST / picturedesk.com
S. 166: Fred Sinowatz: Grabellus / Keystone
S. 166: Bettino Craxi: SIPA / ddp images
S. 167: Gustav Peichl: Alexander Tuma / picturedesk.com
S. 169: José Carreras, Neumayr / APA / picturedesk.com
S. 170: Peter Handke: ullstein – Rabau / ullstein bild / picturedesk.com
S. 170: ZZ TOP: Samuel Golay / EPA / picturedesk.com
S. 171: Martin Suter: Rolf Haid / dpa / picturedesk.com
S. 171: Norman Mailer: Richard Dumas / Agence Vu / picturedesk.com
S. 172: Gerhard Berger / Ferrari: Greg WOOD / EPA / picturedesk.com
S. 174: Henry Kissinger, Beowulf Sheehan / Zuma / picturedesk.com
S. 176: Karl Markovics: Imago, Foto anlässlich der Oscar-Nominierung für den Film „Die Fälscher" in Hollywood
S. 177: Stefan Ruzowitzky: UPI / ddp images
S. 177: Maximilian Schell: Milenko Badzic / First Look / picturedesk.com
S. 178: Spoerri: Alexander Tuma / Contrast / picturedesk.com
S. 180: C. L. Attersee und Ingried Brugger: leisuregroup.at/ Rudolph
S. 184: Karl Schranz, Roland Schlager / APA / picturedesk.com
S. 184: Samy Molcho: Nikolaus Similache / Contrast / picturedesk.com
S. 185: Christian Konrad, Ehm Ian / Verlagsgruppe News / picturedesk.com
S. 186: Reinhard Fendrich: Inge Prader
S. 189: Zoran Janković: Getty Images
S. 189: Franz Voves: Herrgott Ricardo / Verlagsgruppe News / picturedesk.com
S. 190: Franz Vranitzky: Zach-Kiesling Roman / Verlagsgruppe News / picturedesk.com
S. 192: Udo Jürgens: Vukovits Martin / Verlagsgruppe News / picturedesk.com
S. 193: Hansi Hinterseer: Robert Parigger / APA / picturedesk.com
S. 194: Adele Neuhauser: Petro Domenigg
S. 195: Niki Lauda: Werek / ullstein bild / picturedesk.com
S. 195: Niki Lauda: Lukas Ilgner / Verlagsgruppe News / picturedesk.com
S. 196: Arnold Schwarzenegger: INTERFOTO / NG Collection, aus dem Film „Predator", USA 1986
S. 198: Erwin Pröll & Werner Faymann: Hans Klaus Techt / APA / picturedesk.com
S. 200: T. C. Boyle: Georg Hochmuth / APA / picturedesk.com
S. 201: Brigitte Karner & Peter Simonischek: Alexander Tuma / Starpix / picturedesk.com
S. 202: Rudolf Buchbinder: Stoegmueller Katharina / Verlagsgruppe News / picturedesk.com
S. 204: Rainer Schönfelder: Neumayr / picturedesk.com
S. 204: Engelbert Mach: privat
S. 205: Harald Serafin: Stoegmueller Katharina / Verlagsgruppe News / picturedesk.com
S. 206: Otto Schenk: Christa Fuchs / picturedesk.com
S. 206: Viktor Gernot: Jeff Mangione / KURIER / picturedesk.com
S. 207: Christiane Hörbiger & Gerhard Tötschinger: Neumayr / picturedesk.com
S. 207: Gottfried Kumpf: Karl Schöndorfer / picturedesk.com
S. 208: Otto Walkes: Starpix / Alexander Tuma
S. 208: Robert Kratky: Hans Leitner / First Look / picturedesk.com

IMPRESSUM

Edition A la Carte

1. Auflage 2016

Texte: Georges Desrues, Florian Holzer, Christian Seiler, Marga Swoboda

Artdirection: Herbert Winkler
Redaktion: Christian Grünwald, Nina Kaltenbrunner
Fotoredaktion: Kerstin White
Lektorat: Martin Grill, Katharina Preindl, Nicole Salcher
Produktion: Martina Fasching

Reproduktion: Repromedia, 1110 Wien
Druck: Wograndl, 7210 Mattersburg
Hersteller: D+R Verlagsgesellschaft m.b.H. Nfg. KG., Leberstraße 122, 1110 Wien
www.alacarte.at

ISBN 978-3-902-469-68-7